JN066050

メモする → 選ぶ → 並べ替える

文章がすぐにうまく書ける技術

上阪 徹 Toru Uesaka

日本実業出版社

はじめに

書くのが苦手で嫌いだった私が、書く仕事で生きている

「ライターの仕事をしているんだから、もともと文章は得意だったんですよね？」

よく、そんな質問をされることがあります。

しかし、実はまったくそうではありません。

たしかに文章を書くことが得意で好きだった人が、ライターの仕事をしているケースは少ないと思います。しかし、私は違うのです。


そして違ったからこそ、こうして文章の本が書けているのだと思います。

最初から文才があって、書けているわけではないから。

書けないところから、書けるようになるまでの、プロセスがあるから。

そしてありがたいことに30年近くもフリーランスでやってこられたのも、意外にもそのおかげかもしれない、と思っています。

私は書きたいことではなく、書くべきことを書いてきたからです。

200文字に1日かかっていた自分がいま、1日2万字書いている

書くことは、子どもの頃から苦手で嫌いでした。作文も嫌いでしたが、何より嫌いだったのは、読書感想文です。

そもそも本を読むのも嫌い。だから、何を書いていいかわからなかった。夏休みの宿題で読書感想文が出ると、泣く泣くあらすじでマス目を埋めていました。

そんな私が文章を書くようになったきっかけは、広告の仕事に興味を持ったことでした。いわゆるコピーライターの仕事です。

ポスターに1行ズバッとキャッチコピーを書く。そんな仕事に憧れたのでした。そしてコピーライターの仕事は、文章を書くのではなく、言葉を見つける仕事だと思っていました。

ところが、私がたどりついたのは、採用広告のコピーライターでした。

採用の広告は、カッコいいフレーズ1本で、というわけにはいきません。

会社の概要や仕事の内容をしっかり伝えていく必要がありました。

こうして、書くのは苦手だったのに、文章を書かなければいけなくなったのです。

これが苦しかった。当初は200文字（この本の5行分ほどです）のコピーを書くのに、1日かかっていたほどです。

それがいまは、1日2万字の原稿をスラスラ書いている自分がいます。

毎週のように記事を書き、連載をたくさん持ち、この本はとうとう50冊目の著書になります。

実は著者に代わって本を書くブックライターという仕事もしており毎月、本を書いています。

いったい、私の身に何が起きたのか。

かつて書けなかったからこそ、書けない人のことがわかる

私は、もともと文章が書けませんでした。だから、書くのがつらい人、苦手な人の気持ちが、よくわかります。

そして、どうして書くのがつらいのか、苦手だと思っているのかもわかります。

加えて、そういう人がどうすればスラスラと書けるようになるのかもわかっています。なぜなら、書けなかった私が、書けるようになったからです。

必要なのは、「ちょっとしたマインドチェンジ」と、「文章とは何か」を理解することです。これは、私がかつて書けなかったから、わかったことだと思っています。もともと文才があって、スラスラ文章が書けていたら、わからなかったはずです。

「書き方」ではなく「書く前」にポイントがあった！

本書は、誰でも文章がスラスラ書けるようになるための方法を、3つのステップと9つの発想転換、そして43のポイントでご紹介する1冊です。

実のところ、文章を書く仕事でフリーランスになったとき、私は書けなかった自分がなぜ書けるようになったのか（しかも私は書くのが速いのです）、よくわかっていませんでした。

しかし次第に、なぜ書けるようになったのか、なぜ速く書けるのか、を言語化できるようになっていったのでした。

これを理解すれば、誰でも文章が書けるようになります。しかも、すばやく。

少しだけ最初に触れておくと、大きなポイントは「書き方＝書くテクニック」には、実は答えはないことです。「書き方」にとらわれてはいけません。

実はむしろ「書く前」にこそ、秘密があったのです。

本書では3つのステップで「文章がすぐにうまく書ける技術」を書き記していきますが、とりわけ重要になるのが、3つのステップのうち、ステップ1とステップ2です。

書く上での「マインド」を変えていくこと。そして、「書く前」の意識を変えていくこと。

これこそが、大事なのです。多くの文章に関する本は、ステップ3の「書き方」から始まりますが、実はそれでは書けない、というのが、私の見解です。

ぜひ、ステップ1とステップ2をじっくり読んでいただけたら、と思います。これを理解すれば、書くことはまったく怖くなくなります。

文章がすぐにうまく書ける技術　目次

STEP-1「マインド」を変える

装丁　井上新八
本文デザイン　浅井寛子
本文DTP　一企画
本文イラスト　ソコスト
編集協力　神原博之

STEP-1

「マインド」を
Change your mind!
変える

Change your mind!

発想転換 1

実は「書けない」のは当たり前だった

Point 1

仕事の文章の書き方は教わっていない

どうしてこんなに文章が書けないのか……

勘違いしてコピーライターという職についてしまった私は、20代前半、とにかく悩んでいました。言葉が出てこない。うまくつながらない。締めが浮かばない。美しい文章にならない……。

それでも当時はまだインターネットがありませんでしたから、メールもなかった。仕事柄、レポートのようなものも求められる環境になかったし、日報も求められない会社でした。

あの頃から比べると、いまは環境が激変しています。メール、LINE、Slack、メッセンジャーはもちろん、誰でもパソコンを使いますから、提案書や企画書、レポートなども当たり前に求められるようになっています。

「書く」機会は、昔に比べて爆発的に増えているのです。また、「書く」ことが仕事の成果に、さらには評価に、ダイレクトにつながってしまう時代です。昇進の条件になっている可能性すらあります。

そんな中で、「書くことがつらい、苦しい、苦手」となったら大変です。ところが、そんなふうに感じてしまっている人が、実はたくさんいるのではないでしょうか。

しかし、それは当たり前だと私は思っています。なぜなら、「仕事の文章」「ビジネス文書」は、誰も書き方をこれまでに教わってきたことがないからです。

だから、書けないのは当然なのです。

しかも、かつて教わった文章、小学校だったり中学校だったりで書かされた作文や感想文は、むしろ「仕事で書く」ときに足を大きく引っ張ります。

なぜか。子どもの頃に学んだ作文や感想文の文章と、仕事で使う文章とは似て非なるものだから。まったく違うものだからです。

にもかかわらず、あの頃の作文の印象で文章を書こうとするから困ったことになる。実は、書けない元凶は、小学校で習った作文にあったのです。

小学校で習った作文がすべての元凶?

私が20代に文章を書く仕事を始めたばかりの頃、なぜ書けなかったのか。実は、いまは理由がわかっています。それは、子どもの頃に教わったことを実践しようとしていたから。こうした小学校の作文の呪縛が足を引っ張っていたからです。

「美しい、立派な文章、正しい文章を書かないといけない」
「文章で人をうならせないといけない」
「ハッとするような言葉を見つけないといけない」
「起承転結のある見事な構成を作らないといけない」

文章とはそういうものだと思っていたし、そういう文章を書かないといけないと思っていました。事実、子どもの頃には、そういう文章が書ける同級生もいたし、彼らは先生に褒められていました。

しかし、いまは立派な文章を書こう、などとはまったく考えません。何より、そんなことを考えていたから書けなかった、ということを知っているのです。

たしかに書けた同級生もいましたが、だんだんわかっていったのは、こういうことです。彼らには、生まれつきの文才があった。もともと書けたのです。大した努力をしなくとも。世の中には、そういう人がいるのです。

足が速いとか、算数が得意とか、手先が器用で技術が好き、と同じことなのです。

Point 2

「書きたいこと」ではなく、「相手が求めるもの」を書く

教わったのは、思いを書くことだけ

そして小学校の作文とは、どんなものだったか。思い出してみてください。

基本的に自分の「思い」を書き連ねていくものなのです。しかも、一方的に書いていくだけ

です。それを美しく、立派にしたものが評価される。

では、ビジネスの文章ではどうでしょうか。思いを書き連ねていく文章でしょうか。違います。必要なことは、「事実」であり、「数字」であり、「エピソード（出来事やコメント・感想など）」なのです（この3つについては、後にくわしく解説します）。

しかも立派な文章や美しい言葉は、ビジネスの文書では必要とされません。そんなことで肩に力を入れる必要はまったくなかったのです。

読者対象がいない、相手が想像できない

さらに、子どもの頃の作文や感想文には、大きな特徴があります。それは、読者が想定されていない、ということです。

さて、あれは誰に向けて書いていた文章だったのでしょうか。先生？　審査員？　親？　それとも自分？

読者対象は、すべてかもしれないし、特定されていないかもしれない。そういう文章が、子どもの頃に習った文章なのです。

言い方を変えれば、一方的に自分が言いたいことを言いっぱなしにする文章、ということになります。読み手がどんなことを求めているのか、とか、どんなことを考えているのか、とか、そんなことはお構いなしに書くことになるのです。

これは、大学時代のレポートも同様でしょう。

しかし、社会に出ると、そうはいかなくなります。ビジネスの文書には、必ず読み手という相手がいるからです。メールしかり、日報しかり、提案書しかり。

つまり、相手のニーズに合わせて書いていかないといけないのです。この「読み手を意識する」ということが、子どもの頃の作文にはまったくなかったことなのです。

ただ、このことに気づくと、1つ理解できることがあります。それは、「相手が求めているものを書けばいい」ということです。

自分が書きたいことではなく、相手が求めているものを書く。

ビジネス文書、もっといえば大人の文章では、この発想転換が求められるのです。

そして実はこれができると、文章はグッと書きやすくなります。

起承転結はやってはいけない文章

もう1つ、子どもの頃の作文で教わって、強烈に頭の中にインプットされているものがあります。それが、起承転結に代表される構文です。

文章には構文がないといけない。書き出しから、きれいな締めに至っていかないといけない。そんなふうに思い込んでいる人も少なくないのではないでしょうか。


しかし、実は起承転結は、むしろビジネス文書では絶対にやってはいけない文章です。なぜなら、結論が最後に出てくるから。

ビジネスの世界では、早く結論が欲しいのです。まずは結論を書き、それからその理由を書いていく。これこそが、ビジネス文書の王道です。

なのに、起承転結で書いてしまったらどうなるか。いつまでも結論が出てこなくて、読み手をイライラさせてしまうようなことになりかねないのです。

実は起承転結というのは、物語を作るときの構文です。つまり、ストーリーライティングのためのもの。ビジネス文書は物語ではありません。

読者対象しかり、構文しかり、子どもの頃に教わった作文と、ビジネス文書に求められるものとは、実は逆なのです。まずは、そのことに気づいておく必要があります。

Point 3

わかりやすさこそが最強、という発想転換

無理に言葉を見つけたりする必要はない

20代の私がなかなか文章を書けなかった理由は先に書いていますが、とりわけ私を苦しめた

のは、「言葉がなかなか出てこない」ことでした。

立派な文章、美しい文章、カッコいい文章を書こう、ハッとするような言葉を探し出そうと、とにかく悪戦苦闘していたのです。

そして、どうして自分が子どもの頃、作文が嫌いだったのかを思い出しました。

やれ文法がどうだとか、「、」と「。」の位置がどうだとか、言葉の順番がどうだとか、助詞だの形容詞だの文法をどうするとか、とにかくルールが面倒だったことです。

そういうルールを覚えたり、こっちは○でこうしたら×で、みたいなものが、私は大嫌いだったのでした。そんなのいちいち覚えていられないし、書くたびに振り返っていられない。そんなものにがんじがらめになっても、ちっとも楽しくなかったからです。

では、文章を書く仕事でフリーランスになり、もう30年近くになる私はいま、どうしているのか。

言葉を探す？　文法？　まったくそんなことは考えていません。

言葉を探し出そうとすることもないし、見つけようとすることもない。

文法の本を読んだこともないし、構文もまったく考えない。


本当です。

というのも、ごく普通に日常的に使っている言葉で、まったくもって充分だからです。書き手の私も困らないし、何より読み手が困らない。

小難しい言葉やもったいぶったような言い回しをされたところで、理解が遅くなるだけです。

そんなことより、すばやく必要なことを理解したい。

自分にもわかりやすい言葉で説明してほしい。

みなさんも文章を読むとき、そう思っているはずです。ならば、書き手としても、それを実践すればいいのです。

文章には「正解」がないからやっかい

書くことを仕事にしてきて改めて思うのは、文章というのはやっかいなものだ、ということです。というのも、実は文章には「正解」がないからです。

子どもの頃に教わった文章は、あのときには「正解」だったのかもしれません。先生が評価したりしていたからです。

しかし、ここまで書いてきたように、大人の文章、仕事の文章、ビジネス文書では、子どもの頃の作文は正解にはなりえません。

では、大人の文章、仕事の文章、ビジネス文書に「正解」があるのかというと、正直ないと私は思っています。

「正解」に近いものはあるけれど、「絶対にこれでなければならない」というものはない。言ってみれば、完全なお手本はない、のです。

実際、ある文章をAさんはとても評価するけれど、Bさんは「そうかなぁ」と言ったりする。逆にBさんがいいと思っている文章を、Aさんは「そうかなぁ」と言ったりする。

みなさんにも経験がありませんか。自分はいいと思っているのに、周囲の人は違うという。そうなのです。**誰もが「これは100点だ」などという文章はまずもってないと言っていいのです。**

だから、そんなものを目指す必要もないし、やろうと思う必要もない。「正解」はないということです。

ただし、「正解」に近いものはあります。目指すべきは、そこに近づいていくこと。そして、それはそんなに難しいことではありません。

そして、いっぺんに正解に行かなくていいのです。じわじわと、近づいていけばいい。いきなり「正解」に行こうとしない。肩の力を抜いて、文章に向き合うことです。

とにかくわかりやすさこそが大事

では、「正解に近づく」とはどういうことなのか。

ビジネス文章、仕事の文章では、明確な指針が1つあると私は考えています。

それは**「わかりやすさ」**です。とにかく、わかりやすいかどうか。

というのも、仕事の文章やビジネス文章は、先にも書いたように読み手という相手が存在するからです。

何よりも大事なことは、読み手である相手が理解しやすいこと。すぐにわかること。これが最も大事であることは、ご想像いただけるでしょう。

逆に、絶対にやってはいけないのは、わかりにくい文章です。

立派な文章、賢そうな文章になっているけれど、難しい漢字が並んでいて、よくわからない。言い回しが文学的でカッコいいけれど、何が書いてあるのか、理解するのに時間がかかる。だらだら書かれていて、読むのが難儀だ……。

これでは、読み手は困ってしまいます。最もやってはいけないことです。

読み手が理解しやすいことが何より大事

1つ注意しないといけないのは、書くのが好きだったり、得意だったりする人が、「自分はいい文章を書いている」と思ってしまうことだと私は感じています。

それは「小学校の作文的なうまさ」だったりする可能性があるのです。先に触れたもともと文才のある人などは、むしろ注意をしなければならないかもしれません。

もとより、いくら「自分はいい文章を書いた」と思っても、ビジネス文章や仕事の文章やビジネス文章では、それがいい文章なのかどうか、評価をするのは、読み手である相手だということに気づいておく必要があります。

読み手である相手にとってわかりやすいか、が問われるのです。

その意味では、書き手の評価など、実はどうでもいいことです。

それこそ極端な話、だらだらとした文章になりかねないなら、無味乾燥になったとしても、ポイントをまとめて箇条書きで書いてしまったほうがいい。

特にメールでは、コンパクトに要点だけを箇条書きにするのは、私もよくやることです。なぜなら、相手が理解しやすいから。パッと見て、わかりやすいから。
それこそ、無理に文章を書く必要はないのです。
大事なことは、**読み手である相手が理解できるということ。それこそが、第一義なのです。**

Point 4

自分にふさわしい文章を書けばいい

読者は立派な文章など求めていなかった

20代の私が、文章が書けなくて悪戦苦闘することになった理由をまとめると、こういうことになると思います。

「なんとかして、立派な文章、美しい文章を書こうとしていた」

だから、言葉をひねり出すのに苦しみ、ひねった展開に悩み、文法が間違っていないかと心配し、時間ばかりがかかっていたのです。

しかし、そんなことはどうでもよかった、ということにやがて気づいていきます。

私がどんなに文章を立派に美しく書いたところで、読み手に伝わるべき情報が伝わらなければ、なんの意味もない、ということがわかったからです（そうでないと、採用広告は成果が出ないのです）。

もっといえば、読者は私に立派な文章や美しい文章など求めていないことに気づきました。

そんなことよりも、わかりやすく書いてくれ、と。

大事なことを、素直に、普通に、わかりやすく書いていけばいい。この気づきから、私はスラスラと書けるようになっていきました。改めて思ったのは、これでした。

「なんだ、これでよかったのか」

そして以来、20数年、私は文章を書くことで食べてきています。こうして、書くことについての本まで書いている。

おそらくこの考え方は、間違いではなかったのだと思っています。

必要なのは、立派な文章や美しい文章や名文などではなく、自分にふさわしく、相手に伝わる文章なのです。本書のタイトルには「うまく」と入っていますが、自分にふさわしく、相手に伝わる文章こそがビジネス文書における、そして本書における「うまい文章」なのです。

絶対に真似してはいけない「新聞のコラム」

そうは言うけど、やっぱり立派な文章を書いたほうがいいんじゃないか……。「素晴らしい文章だね」と言われたほうが、書くほうもうれしいし……。

もしかすると、そんなふうに思う人もおられるかもしれません。

1つ、興味深いエピソードがあります。あるとき、新聞記者の人と話をする機会があり、新聞の1面の中程にある、コラムの話になったのです。

朝日新聞の「天声人語」はあまりに有名で、小学校のときにも「あれを読みなさい」などと言われたわけですが、新聞記者の人の話は意外なものでした。

「ああいうコラムは、新聞1面のあの場所にあるから成立するんです。だから、記者は誰も、ああいう文章を書こうとはしてないですよ」

たしかに立派だし、素晴らしい文章だと思いますが、もしあれが無名の一般の人のブログで書かれていたものだったとしたらどうでしょうか。会社の仕事のレポートが、あんなふうに慣用句まみれで書かれていたらどうでしょう。社内報の寄稿が、あんな文章だったら……。

違和感があること、お気づきいただけると思います。文章はもちろん、立派かもしれません。しかし、ここで問われるのは、ビジネスや仕事の場にふさわしいか、ということです。おそらく違うだろうと思うのです。

若い人は、若い人らしい文章でいい

興味深いエピソードとして、もう1つ、これはある会社の役員の人に聞いた話です。社員から、プロジェクトの提案書を募った。いろいろな社員から、いろいろな提案が来た。そこで、とまどったことがあった、と言うのです。

役職者の部長や課長は、やはりそれなりに経験を積んでいるだけに、戦略的な提案を持ってきた。それはそれで評価できた。

一方で、若い社員に期待したのは、現場に即した若手ならではの提案書だったそうです。ところが、多くの若手が何を思ったか、大きく背伸びをして部長や課長が書きそうな戦略的な提案を書き記してきた。立派な文章が並んでいたそうなのですが、どうにも違う、と思ったのだそうです。

そうなのです。**書き手には、立場というものがある**のです。

部長や課長が新入社員が書くような文章を書いていたら問題かもしれませんが、逆に若い人が部長や課長が書くような立派な文章を書くことは、実はふさわしくないのです。

それよりも、若い人は若い人ならではの視点から、若い人なりの文章を書いていけばいいのです。

妙に背伸びをして、立派な文章を書こうとすることは、むしろネガティブに映ってしまいかねないというわけです。

身の丈に合ったものをわかりやすく、若い人の感性で書いていく。背伸びをする必要はありません。むしろ、このほうがいいのです。

うまく書こうとすると、バレる

長く文章を書く仕事をしていて、セミナーを開いたり、塾を開催したりしてきているので、人の文章を読ませてもらうことも少なくありません。

私が「先生」として課題を出したりすると、よく起こることがあります。「先生に褒められたい」「先生をギャフンと言わせたい」という思いからなのか、とても肩に力の入った文章が上がってくることがあります。

素晴らしいと言われるような文章を書きたい、美しい文章を書いていると思われたい、すごいねと褒められたい……。

きっとそんなふうに思っておられるのだろうな、と想像できてしまえる。褒められたい、という意識が透けて見えてしまうのです。

私は、読み手の感覚というのは、想像以上に鋭いと思って、この仕事をしています。読み手は、いろいろなところから、書き手のことをつかんでしまうのです。

もし、書き手が「褒められるような文章を書こう」と考えていたりすると、それはそのまま、文章に出てしまうと私は思っています。実はバレてしまうのです。

ああ、こいつ褒められたくて文章を書こうとしているな、と思われたりしたら、皆さんはどうでしょう。私は嫌です。だから、そんなふうに思わないようにしています。そんなふうに思って書いたら、バレてしまうからです。

そんなことより、自然体でいいのです。自分にふさわしい文章でいいのです。

読み手に理解しやすいものを書こう。読み手にわかりやすいものを書こう。そうすることで、読み手にとってはありがたいものになる。読み手に伝えるという、文章の目的を達成することができる。

文章とは何か、勘違いしている人がときどきいます。私はよくこういう表現をします。

「文章は書き手のためにあるのではない。読み手のためにあるのだ」

これを常に、肝に銘じています。おかげで、長く書く仕事を続けてこられたのだと思っています。

Change your mind!

発想転換 2

「どう書くか」より「何を書くか」が重要

Point 5

書くスキルから考えるから、書くのが怖くなる

文章は高尚なもの、特別なものではない

これは私自身の経験でもあるのですが、1つ大きくマインドを変えてほしいのは、文章というものの持つイメージです。

これもまた小学校の作文だったり、国語教育の呪縛だったりするのだと思うのですが、どうも文章を高尚なもの、特別なもののように捉えている印象があるのです。

だから、立派な文章を書こうとしてしまったり、気の利いた言葉を探そうとしてしまったりする。実は文章は読み手こそ大事なのに、書き手ばかりに目が向いてしまう。

もちろん、小説家の文章は素晴らしいですが、あれは正直、芸術の領域だと私は思っています。ありがたいことに、私はたくさんの作家に取材していますが、彼らは神様から遣わされてきた人、というのが私の印象です。

天賦の才があるのです。一般の人にマネができるものではない。マネをしたとしても、それはそれでおかしいでしょう。

文章は単なるコミュニケーションの道具

特に、仕事の文章、ビジネス文書ということになると、先にも書いているように、何よりも大事になるのは、読み手がしっかり理解できることです。

どんなに立派な文章、美しい文章を書いても、読み手が理解できなければ、ビジネスの世界では意味がないからです。

文章をおとしめるわけではありませんが、文章とはもっと肩の力を抜いてつきあったほうがいいと私は思っています。それこそ、私がよく言っているのは、**文章もコミュニケーションの道具の1つに過ぎない**、ということです。

コミュニケーションといえば、しゃべることが最もわかりやすいですが、それと同じ。しゃべるのも、文章で伝えるのも、コミュニケーションのツール。大事なことは、相手に伝わるという目的です。ツールそのものが目的になっては本末転倒なのです。

「何を書くか」だけでも充分に強い文章に

そして、文章を書く、というとき、多くの人が真っ先に頭に浮かべてしまうのが、「どう書くか」です。

まさに20代前半の私がそうだったわけですが、どうやって書くか、ばかりに意識が向かい、苦しみ抜くことになってしまったわけです。

しかし、そんなことよりもはるかに大事なことにやがて気づいていきます。

それは、「何を書くか」でした。

採用広告であれば、その会社の魅力。他社とはどんな違いがあるか。成長性や将来性はどうか。社長の人柄は。社風や福利厚生の特徴は……。

それこそ極端な話ですが、こねくり回して文章を書かなくとも、事実をズバッと書くだけで、充分に魅力が伝えられたりします。

たとえば、

「この10年間、新卒採用でひとりも退職していません」
「社長が社員とその家族の誕生日に花を贈っています」
「売り上げは20年間、一度も下がったことがありません」

どうでしょう。事実だけで充分に説得力があるのではないでしょうか。

話し方は下手くそだけど、心を打つスピーチ

「どう書くか」に頭が向かってしまう危険は、「何を書くか」の設計がおろそかになってしまうことです。

「何を書くか」がしっかり定まっていないのに書き始めてしまったり、「何を書くか」のチョイスを間違えてしまったり。

これは、本でもよくベストセラーになっている「話し方」も同じだと思うのですが、どんなに話し方がうまくなっても、語られている内容に中身がなかったら、さてどうなのでしょうか。

聞き手にとって関心の向かない内容の話なら、どんなにうまく話されても、やっぱりおもしろくないと思うのです。


それより、話し方は下手くそだけど、とにかく内容が心を打つものだったとしたらどうでしょうか。

私自身、経験がありますが、結婚式でスピーチした新婦の叔父さん、話し方はまったくうまくなかった。でも、エピソードは本当に心を打つものでした。

話し方はうまかったけど、通り一遍の中身のないスピーチをした新郎の会社の上司とは大違いでした。さて、どちらのスピーチをしたいでしょうか。


話し方より、話す中身。これは、文章も同じです。

書き方よりも、書く中身。

どんなにうまく書いても、中身のチョイスが間違っていては……ということになるのです。

実は書くスキル以上に、「何を書くか」を選ぶことこそ重要なのです。

そして「何を書くか」を設計していくとき、しっかりと考えなければいけないのが「目的」と「読み手」です。

Point 6

まず大事なことは、文章の「真の目的」

「表面上の目的」と「真の目的」の違いを知る

文章を書こうとするとき、まずやらなければいけないことがあります。

それは、**文章の「目的」をはっきりさせること**です。

何を言っているのか、そんなことは当たり前ではないか、目的をちゃんと理解して文章を書いている！　と思われるかもしれませんが、実は落とし穴があるのです。

それは、目的には「表面上の目的」と「真の目的」があるからです。

これをしっかり理解しないまま書こうとすると「何を書いていいか、わからない」「なかなか書き進められない」ということになりかねません。


たとえば、社内報で求められたエッセイを書く。

目的は、「社内報のエッセイ」ですが、これは「表面上の目的」に過ぎません。

実はそこから一歩、踏み込んでみる必要があるのです。それが、「真の目的」です。


したがって、エッセイを求められたら、社内報の制作担当者に「これは何のためのエッセイなのか」を問わなければいけません。

そうすると、

「ああ、社内にはいろんな人が働いているので、その人の仕事内容を紹介したいんです」

と返ってきたりする。


これこそが「真の目的」です。「自分の仕事を他部署の人に正しく伝える」。

もし、これを確認していなかったら、どうなるでしょうか。

ピント外れの文章を書いてしまいかねなかった、また、「何を書いていいかわからない」となったはずです。

「目的」を確認しておくと、書きやすくなる

社内報のエッセイでは、もしかすると、制作担当者からこんな返答が来るかもしれません。
「ああ、職場ではなかなか見せないプライベートな姿を紹介してほしいんですよ」
となると、これが「真の目的」になります。「職場では見せないプライベートな姿を紹介する」。どうでしょう。まったく違う「真の目的」ですから、まったく違うエッセイが求められることになるわけです。

そして「真の目的」の確認は、ピント外れな文章を書かなくて済む、ということだけではありません。

もう想像いただけると思いますが、何より書きやすくなるのです。

単に「社内報のエッセイ」では、何を書いていいのか、わからない。

家族のことを書こうかな、ペットのことかな、入社動機かな、などと悩んでしまうことにな

ります。

しかし、「自分の仕事を伝える」「職場では見せないプライベートな姿」となれば、すんなり「何を書くか」が浮かんでくるのではないでしょうか。

必ず「真の目的」まで掘り下げる

文章をなかなか書き進められないときは、「どう書くか」に頭を悩ませてしまうことに加え、「何を書いていいのかわからない」「書くことがなくて困る」ことが原因になっていることが少なくありません。

それは、端的に「真の目的」まで掘り下げられていないからです。社内報のエッセイだけではありません。実はすべての文章がそうです。

メールも同様で、「報告のメール」なのか「相談のメール」なのか「連絡のメール」なのか「お礼のメール」なのか「提案のメール」なのか「謝罪のメール」なのか、**はっきりと「真の目的」を定めて書くことで、一気に「何を書くか」がイメージしやすくなります。**

新商品のPR文、出張レポート、会議の議事録などについて、表にまとめてみましたので、参考にしてもらえたらと思います（48ページ参照）。いずれも、「表面上の目的」だけでは何を書いていいのかわかりにくかったものが、一気にイメージできるようになっていくと思います。

つまり、**文章に関わる仕事が来たら、必ず「真の目的」を確認しておく必要がある**のです。

実はこの「表面上の目的」「真の目的」にはっきりと気がついたのは、週刊誌のグラビア記事で、歌手、俳優の福山雅治さんにインタビューしたことでした。しかも2回、です。

1回目は、週刊誌のメイン読者（60代）向けに「人生これから、頑張りましょう」というメッセージの記事だったのですが、2回目は違っていたのです。新規読者の獲得のために「同世代の40代、頑張ろう」というメッセージの記事だったのでした。

60代向けのメッセージと、40代向けのメッセージでは、書く内容は大きく変わっていきます。「真の目的」をしっかり確認しなかったら、私は1回目と同じメッセージで書いてしまったかもしれない。

「表面上の目的」だけで文章を書いてしまう危険を、このときに改めて痛感したのでした。

表面上の目的（例）	真の目的（例）
新商品のＰＲ文	・商品の魅力を感じてもらう ・発売時期を強調したい
出張レポート	・自社の業務改善に活かすためのヒントを提供する ・そこで働く従業員の不満を知らせる
会議の議事録	・役員向けに要点だけをまとめる ・関係者の発言のすべてを記録する
業界紙への寄稿	・自社の最新の取り組みを紹介する ・業界の動向について多くの人に知ってもらう

Point 7

誰が読むのか「読み手」をはっきりさせる

自分が書きたいことを書いてはいけない

そして、「真の目的」と同時に重要になるのが、「読み手」です。

文章を書こうとするとき、目的の確認と同時にやらなければいけないのが、誰がその文章を読むのか、**「読み手」をはっきりさせること**なのです。

「何を書いていいかわからない」原因の1つにも、この「読み手」が意識されていない、が間違いなくあります。

そして先にも書いたように、小学校の作文では、「読み手」を意識する必要はありませんでした。だから、昔習った文章の書き方のままで書こうとすると、「読み手」にまでは頭がまわらない人が多いのです。

実は「どう書くか」にまず頭が向かってしまうのは、この「読み手」不在の小学校の作文の影響も大きいと思っています。小学校の作文は、「書き手」主体だからです。

自分の思っていることや感じていることを、好きなように書けばよかった。「何を書くか」は、自分で好きに決めてよかった。

だから、「何を書くか」をすっ飛ばして、「どう書くか」に頭が向かってしまったのです。

しかし、ビジネスや仕事の文章では、そうはいきません。

「何を書くか」を勝手に考えて書いてしまったら、上司も仕事の発注者も取引先もびっくりしてしまうことは、想像に難くないと思います。

「どうしてこんな文章を書いてきたのか」「知りたいことが書いてないじゃないか」「ピントがずれている」といったことになりかねない。

ビジネスや仕事の文章では、必ず「読み手」がいるのです。だから、自分が書きたいものを書いてはいけません。

「何を書くか」は、ずばり「読み手」が求めているもの、だからです。

読み手が求めているものを書けばいい

逆に、こうも言えます。

結局、**ビジネスの文章や仕事の文章は、読み手が求めているものを書けばいい、**ということです。

「何を書いていいかわからない」という人は、「読み手」をイメージしてみるといい。「読み手」を定めてしまえばいい。そうすれば、一気に書きやすくなるはずです。

たとえば、出張のレポートを書く。

漠然と誰が読むのか、わからなければ、どんなレポートを書けばいいのかはわかりません。

そこで、「読み手」をしっかり確認しておくのです。

上司が読む。では、上司は出張先の何を知りたいのか、を確認しておけばいい。

「出張先の取引先の業績が急激に伸びている。その原因について探ってきてほしい」かもしれないし、「出張先の工場で出荷遅れが目立っている、その理由を調べてきてほしい」かもしれない。

「読み手」が求めているものがわかれば、「何を書くか」は一気にフォーカスされてくることになるわけです（出張レポートについては後にくわしく解説します）。

読み手意識が、文章の評価を変える①

「読み手」を意識できているかどうかで、文章の評価が大きく変わる、こんな例もあります。

たとえば、会議の議事録をお願いされた。このとき、「読み手」が誰かを確認しておかないと、的確な議事録は実はできません。

「同僚が会議のサマリーを求めている」。これなら、会議の要点をコンパクトにまとめておけばいいでしょう。

しかし、ここで「読み手」が「会議に出席していなかった部長クラスの集まり」ということになったとしたらどうでしょうか。

同僚が求める会議のポイントと、部長が求める会議のポイントは、同じではないはずです。そこにしっかり意識を向けられるか。

さらに「読み手」が、役員となったらどうか。経営会議に、議事録が参考資料として上げられる。そうなったら、書き手はしっかり意識をしなければなりません。

書く内容もさることながら、役員は年配者が多いので「ちょっと大きめの文字にしておこう」などということにもなるわけです。

読み手意識が、文章の評価を変える②

「読み手」を意識していないことが、どれほど恐ろしいことか、私はよくこんな例を使って、お話をしています。

あなたが大きなホールで講演をすることになった。ところが、講演会場はステージの自分のところ以外は、真っ暗なのです。会場に、どんな人が座っているのか、まったくわからない。

もしかすると小学生かもしれないし、高齢の人たちかもしれない。社会人になったばかりの若い人かもしれないし、会社の経営者かもしれない。

そんな中で講演をすることになったら、さて、どうでしょうか。しゃべるとなると、リアルにわかるのですが、これは恐ろしい状況であることにお気づきいただけるはずです。

誰しも講演するとなれば、会場にいる人たちに関心を持ってもらえるような話がしたいと考えるでしょう。しかし、そのためには誰が会場にいるのかを、つかんでいなければいけないわけです。

それがつかめていなければ、ピント外れの話をしてしまいかねない。それこそ、小学生に話をするのと、高齢者に話をするのとでは、まるで違う内容になるでしょう。新入社員と経営者でも同様です。

もちろん、これは極端な例ですが、関心を持ってもらえる内容にするには、「聞き手」を意識する必要があるのです。

文章も同じです。「読み手」がわかっていなければ、真っ暗闇の中で講演をするのと同じことなのです。ピント外れの文章、みっともない文章を書いてしまいかねない。

そして文章の恐ろしいところは、講演の「聞き手」と違い、目の前の「読み手」が見えないことです。もしかすると、「読み手」は呆れ果ててしまっているかもしれない。残念な評価を下してしまっているかもしれない。そういうことにも気づけないのです。

だからこそ、「読み手」をしっかり意識しないといけません。見えないからこそ、「読み手」への意識がより必要になるのです。

Point 8

「目的」×「読み手」で「何を書くか」がわかる

「何を書くか」は「目的」と「読み手」で設計する

文章には「真の目的」があること、そして「読み手」を意識することの大切さ、この2点をご理解いただけたことと思います。

まずは、「目的」と「読み手」をしっかり考える。「書けないのは当たり前」とともに、ぜひ理解しておいてほしい大きなマインドチェンジです。

そして、「目的」と「読み手」をしっかり考えることで何が起きるのかというと、「何を書くか」がはっきりしてくるのです。

たとえば、クライアントに提出する企画提案書を書くとします。目的は「プロジェクトを受注すること」。

このとき、「直接の窓口となっている担当者」に出す提案書と、一度、挨拶だけしたことがある「その上司」に出す提案書と、一度も会ったことのない「クライアントの社長」に出す提案書は、果たして同じものでいいでしょうか。

窓口となっている担当者は、日頃からやりとりをしている人。プロジェクトについて、あまり細かなことは書かなくてもいいかもしれません。

しかし、その上司となれば、どうでしょうか。提案書には、プロジェクトの詳細を丁寧に書いていく必要があるでしょう。また、そのプロジェクトがクライアントにとって、どんなメリットがあるのか、を書く必要もある。

場合によっては、その上司の考え方や好み、企画を決裁するときの判断基準を担当者に確認して、それに沿った内容にしたほうがいいかもしれません。

さらに、社長に提案書を出すとなればどうか。社長はプロジェクトについてどころか、こちらの会社についても知らない可能性がある。

「目的」と「読み手」で、「何を書くか」は変わってくるのです。

逆に「読み手」が同じでも、「目的」が異なれば、「何を書くか」は変わってきます。「目的」とはつまり、何がしたいのか、何が言いたいのか、ということ。

それこそ先にも書いていますが、メールを書くときに報告か、連絡か、相談か、お礼か、謝罪か、提案か、では「何を書くか」が変わってくることは、すぐにご想像いただけるでしょう。「目的」と「読み手」を組み合わせれば、「何を書くか」は自然に浮かんでくるのです。なのに、このプロセスをしっかり踏まない人が多い。いきなり書き始めようとしてしまう。

だから、書けないのです。また、スラスラと書き進められないのです。なぜなら、「何を書くか」が定められていないからです。

「読み手」を徹底的に想像する

私がこの気づきを得たのは、文章を書くスタートが採用広告だった、ということが大きいかもしれません。採用広告の大きな特徴は、広告の掲載後に、応募人数という形で文章の結果がストレートに出てしまうことです。

クライアントからはお金を頂戴しているのに、応募がない、などということになったら、大変なことになります。おかげで、常に強い緊張感の中で文章と向き合うようになりました。言ってみれば、外すわけにはいかないのです。

しかも、応募さえ増やせばいいというわけでもありません。なぜなら、いくら応募人数が多くても、採用できなければ「目的」は達することができないからです。

となると、まず大事なことは、どんな人物を採用したいのかをクライアントに確認することでした。その上で、その人材が興味を持ってくれそうな内容を「何を書くか」に据えていくのです。

ここでやっていたのが、「読み手」を徹底的に想像することであり、時には社員に取材させてもらうことでした。

たとえば、小さな会社なのですが、大きな特徴があった。それは、10時始業だったことでした。社長が朝が苦手だったからです。

早起きが得意な人にとっては、なんてことのないことですが、朝が苦手な人にはこれは大きなセールスポイントになる。

欲しい人材を設定した上で、朝が苦手な人をターゲットに据えた広告を打ったのです。

採用はうまくいきました。

Point
9

ビジネス文章は、結論をとにかく早く

要するに何なのか、早く知りたい

先に、起承転結では結論が最後になってしまうから、ビジネスや仕事の文章には向かない、と書きましたが、これも私が採用広告の仕事で痛感したことでした。

当時掲載していたのは採用広告ばかりで1冊の情報誌が構成された紙の媒体でした。めくってもめくっても採用広告ですから、「読み手」はじっくりと1つ1つの広告など、見てくれないのです。

パッと見て、すぐに手を止めてもらえるかどうか。それができなければ、応募にはつながらないのです。「読み手」が一番知りたいことを最初に持ってくる。そうでなければ、絶対に読んでもらえなかったのです。

採用広告の場合は極端な例だと思いますが、ビジネスや仕事では、誰もが同じような考えで文章に接しているはずです。要するになんなのか、早く知りたいのです。

皆さんも文章を読むことになったら、そう思うはずです。

いったいこの文章は何が言いたいのか、いつまで経っても結論が出てこないのでは、イライラしてしまいます。

だから、最初に結論を書く。構文を意識する必要もありません。

先にも書いていますが、書くのもしゃべるのも、コミュニケーションのツールとしては同じ。構成については後にくわしく解説しますが、もししゃべって伝えるなら、どんなふうに話すか。それは日常的に誰もがやっていることですから、同じことを書く上でもやればいいのです。

実際、私はそんなふうにして文章を書いています。起承転結のような構文を意識することはまずありません。

それよりも、常に意識してきたのは、一気通貫でした。書き出しから読み始めたら、ついつい最後まで一気に読んでしまう。そういう文章構成をこそ、強く意識してきました。

みんな忙しいのです。**読んでいて途中で止まってしまうようなものは、最後まで読んではもらえない**。私はいまもそう思っています。

最初に「タイトル」を考える

要するに何が言いたいのか、をイメージするとき、最初に「タイトル」を考えてしまうといいと思います。

この文章につけるとすれば、どんなタイトルなのか。「目的」と「読み手」を意識して、考えてみる。見出しでもキャッチフレーズでもいいのですが、その文章を象徴する内容を短く言い表した言葉です。

それが最初にできていると、「読み手」にも、そして書いている自分にも、「つまり、何が言いたいのか」がはっきり見えてきます。

タイトルを意識しながら書き進めていけば、ぶれることもなくなっていきます。

以上が「ステップ1」となります。

ここで大きくマインドチェンジしてほしいのは、「書けなくて当たり前」ということと、文章は「どう書くか」以上に「何を書くか」が重要だということです。

それこそ「何を書くか」が正しいものになっていれば、文章が荒削りでも、充分に通用すると私は思っています。そして何より、スラスラ書けるようになるのです。

STEP-1
まとめ

□ 仕事の文章の書き方は教わらない
□ わかりやすさこそが最強
□ 誰も「立派な文章」なんて期待していない
□ 「どう書くか」よりも「何を書くか」
□ 「目的」と「読み手」で「何を書くか」を設計する
□ 結論から書く

STEP-2

「書く前」を変える

Change your mind!

Change your mind!

発想転換 3

文章はゼロから書くわけではない

Point 10

書けない人がやってしまう「いきなり書き始める」

Point 11

準備できていなければ、書けない

文章が書けない、なかなか書き進められない、スラスラ書けない、といった相談を受けるときには、真っ先に聞くことがあります。

「書く前に、準備しましたか?」


ほとんどの人が、これをやっていないのです。

どうするのかというと、いきなり書き始めてしまう。

書き始めてから、何を書くのかを考え始めたりする。

しかし、これでは書けません。パソコンのキーボードを打つ手が止まってしまうのも、当然です。スラスラ書けたりするわけがない。

先に「どう書くか」よりも「何を書くか」のほうが大事だと書きましたが、もとより「何を書くか」が準備できていなければ、書くことはできないのです。

それなのに「どう書くか」ばかりに頭が向いてしまうから、いきなり書き始めてしまうようなことになる。


しかし、これも仕方のないこと、でもあります。

なぜなら、そんなことは誰も教えてくれなかったからです。

小学校の作文や読書感想文は、いきなり書き始めた、という人がほとんどなのではないでしょうか。

事前に、しっかり「何を書くか」を準備してから書く、などということは、私も教わった記憶がありません。教えてもらっていないのですから、仕方がないことなのです。

書き始める前はプロでも準備する

私は文章を書くことで食べているわけですが、いきなり書き始めるなどということは絶対にありません。

まずは何を書くのか、事前にしっかり準備します。それから構成を考えて、ようやく書き始めます。

たとえば、経営者のインタビュー記事を書くなら、取材のノートをしっかり見返し、どこにポイントがあるのかをチョイスし、整理していきます。そして、それをどういう順番で書いていくかを考えていくのです。

3000文字、5000文字といった長文の記事になると、**ポイントや構成はメモにしていきます。**

かつては手書きで白い紙に「これを書き、これを書き、これを書き」などとメモしていきましたが、いまはパソコン上でやります。メモで構成を作った上で、文章を書き始める。

先にも触れましたが、私は書くのがとても速いようです（実は『超スピード文章術』（ダイヤモンド社）というタイトルの著書もあります）。

その理由は、とてもシンプルだと思っていて、しっかりと準備をしているからです。

ポイントを抜き出して構成をメモしていく、などというのはけっこう面倒なこと。そんなことをするより、いきなり書き始めてしまったほうがいいのではないか、とも思えるのですが、このひと手間が大きな差を生むと私は思っているのです。

だから、必ずこのステップを踏みます。

1500文字程度の原稿なら、いまは頭の中で構成を描いて書いてしまいますが、かつては短い原稿も必ずメモに書き記していました。

理由は簡単で、そのほうが速く書けるからです。

準備しなくてもいい天才もいる

書く前に「何を書くか」を整理したり、ポイントや構成を別でメモに残すなんて、時間の無駄なんじゃないか。そんなことをしなくたって、スラスラと書いている同僚だっている。自分もいずれは、あんなふうに書けるんじゃないか……。

そんなふうに思われた人もいるかもしれません。たしかに、そういう人もいます。先に、小学校のとき同じことしか教わっていないのに、スラスラと見事な名文を書くことができた同級生もいたはずだ、と書いていますが、これと同じです。

要するに、文章の才能がある。文才がある。教わってもいないし、ポイントや構成を整理しなくても、スラスラと書ける才能の持ち主がいるのです。

ただ、もし自分にそれができないのであれば、期待はしないほうがいいでしょう。

走る才能を持っている人には、どんなに努力をしても駆けっこでは勝てなかったように、文章の才能の持ち主と同じことをしたところで同じようには書けないことに、気づいておく必要があります。

私にはそういう才能はありません。だから、ポイントや構成をしっかり整理しているのです。

実のところ、世の中にはとんでもない才能の持ち主がいる、ということを私は取材でたくさん教わりました。

スポーツ選手の身体能力の高さは、最もわかりやすい例かもしれません。もともと運動神経がズバ抜けている上に、彼らはさらに努力の才能まで持っている。だから、金メダルだったり、プロになれたり、と成果を出すことができる。

また、私は科学者にたくさんインタビューしていますが、研究者も同様です。ひらめきやセンスもさることながら、同じことをひたすらやり続ける忍耐力、なかなか結果が出せないときにもへこたれないメンタルの強さも持っていなければいけない。そうでなければ、世界的な研究など、できるはずがないわけです。

もちろん、文章の才能についても取材で触れる機会がありました。先にも書いたように、小説家に取材して、「この人たちには天賦の才がある」「神様から遣わされた人に違いない」と思ったことは一度や二度ではありません。

何も考えていなかった小説家

最も印象深いのは、私がフリーランスになってまだ5年ほどのとき、ある著名な芥川賞作家への取材でした。

新しく出た小説について話を聞いていて、私も小説を書くことに当時は興味があったので、こんな質問を投げかけてみたのです。

「この本は、どのようにして書かれたのでしょうか？」

作家は、即答してくれました。

「頭からです」

私はびっくりして、聞き返してしまったのでした。本を1冊書くわけですから、構成なりプロットなりを作って書いているのだとばかり、思ったのです。

「あ、この本はどのようにして」

「ですから、頭から」

「え……。頭から書き始めたら、最後まで1冊、書けちゃったということですか？」

「そうですよ」


本当にごく自然に答えてもらえましたので、おそらく他の本もそうなのだと思います。1冊の小説を書くのに、いきなり書き始めて8万字なり、10万字なり、書いてしまう人が世の中にはいる、ということなのです。

ああ、同じ土俵には絶対に立ってはいけない、と私は改めて思いました。


そんなことより、自分は自分の土俵に立てばいい。

それは、しっかり準備をするということです。そうすることで、私は書ける。

天賦の才を持った小説家ではないのですから。

Point 12

文章は「素材」でできている、と知る

文章量とは「何を書くか」の量の違い

20代の頭まで、文章がまったく書けなかった私が書けるようになったのは、まず小学校の作文の呪縛から逃れられたこと。

それから、「どう書くか」よりも「何を書くか」のほうが重要だと知ったこと。

加えて、しっかり準備をしたからでした。

それこそ当初は500文字の広告コピーを書くにも、「何を書くか」をピックアップし、それをどういう順番で書いていくか、しっかり考え、メモに残し、書き進めていたのです。

なぜなら、そうすることでラクに書けるようになったからです。

そして、これを繰り返しているうち、私は書くスピードがどんどん速くなっていきました（会社の制作ノルマがとても高かったこともありますが)。

「何を書くか」がしっかり決まれば、あとは、どう構成していくか、を考えるだけだからです。

当時は500文字が1000文字、2000文字とだんだん文字量が多くなっていきましたが、後にフリーランスになってからは、3000文字、5000文字、1万文字、やがて書籍1冊10万文字も、まったく怖くなくなりました。

どんなに量が増えても、「何を書くか」さえしっかり揃い、構成が整えてあれば、まったく問題ないからです。

それこそ文章のボリュームは、「何を書くか」の量の違いだということに気づいていきました。「何を書くか」をたくさん用意しておけば、いくらでも文章は増やしていくことができるわけです。

逆に、「何を書くか」がないのに、文章ボリュームを増やしていくとなれば、これは大変です。なんとか言葉をひねり出し、形容する言葉や表現を見つけ、「何を書くか」が定まっていない中で日本語を埋めていかないといけない。苦しいはずです。

ですから**「量が書けない」ときには、「何を書くか」が足りていないということに他ならないのです。**

書くのは苦手なのに、LINEは書けるのはなぜ？

先に『超スピード文章術』という著書について触れましたが、実は自分が文章を書くのがとても速いことは自覚していました。

あれほど書くのが苦手で嫌いだったのに、「書くのが速い」とまで言われるようになっていったのです。

そして『超スピード文章術』を書くきっかけになったのは、なぜ自分は速く書けているのか、ようやくわかったからでした。

それを教えてくれたのが、メッセンジャーアプリのＬＩＮＥでした。

ＬＩＮＥの登場は東日本大震災がきっかけでした。

もっとすばやく手軽に使えるメッセンジャーアプリが作れないか、ということで生まれたＬＩＮＥは、その便利さから、あっという間に人々の間に広まっていきました。

数年も経てば、ＬＩＮＥをやっているのは当たり前になっていきます。

誰もが、プライベートで、あるいは仕事でも、ＬＩＮＥを使うようになっていったのです。

そんなあるとき、ふと気づいたことがありました。ビジネスパーソンの中には、かつての私がそうだったように、書くのが苦手で嫌いな人がたくさんいたのです。

私も友人もそうでした。ところが、彼は喜んでＬＩＮＥを使っていたのです。

言うまでもありませんが、ＬＩＮＥでやりとりされているのは文章です。

書くのが苦手で嫌いなのに、なぜＬＩＮＥは喜んで使うのか。私は不思議でなりませんでした。

そして、私はようやく気づいたのでした。ＬＩＮＥでやりとりされていたのは、「文章」ではなかったのです。

皆さんもそうだと思いますが、メッセンジャーアプリで長い文章を書くことはほとんどないでしょう。

カジュアルなものですから、それこそ「立派な文章」を意識することもありません。ややこしい文法も気にしないし、場合によっては主語すらない。

ＬＩＮＥでやりとりされているのは、「情報そのもの」「用件そのもの」だったのです。重視されるのは、「表現」ではなく「用件」。求められているのは、「立派な文章」や「美しい文章」よりも「必要な情報」だった。

つまり、**「用件」や「必要な情報」だけで文章コミュニケーションは充分に成り立っていた、**ということです。

文章はゼロから書かなくていい

私が気づいたのは、まさに私は文章を書くときに、人々がLINEでやるようなことをやっていた、ということでした。「表現」ではなく「用件」。「立派な文章」よりも「必要な情報」。これこそが、「何を書くか」です。

つまり、文章のキモは「何を書くか」にこそあったということです。なぜなら、それでコミュニケーションは成立しているから。

そして、「何を書くか」に意識を向け、「どう書くか」をほとんど意識しなかったことこそ、私が速く書ける理由であることがわかったのです。

この**「何を書くか」**を、私は文章の**「素材」**と名づけました。

端的に、文章は「素材」からできているのです。

実際、私は「何を書くか」＝「素材」を集め、整理し、それを構成して書いているだけなのです。それだけで、充分に文章になる。

なぜ準備が重要なのかというと、文章は「素材」でできているからです。「素材」こそが必要だからです。

これをはっきり言語化させてくれたのが、ＬＩＮＥの存在だったのです。

「素材」のやりとりなら、苦にならない

文章を書くのが苦手で嫌いな人もＬＩＮＥは嫌いではないのは、「素材」だけがやりとりされているからです。

読み手にとって必要な情報であり、用件。それなら、まったく苦になるものではない。そして、これで充分にコミュニケーションは成立していた。

これはビジネスや仕事における文章も同じです。

大事なことは、必要な情報であり、用件なのですから。

のですから。
「素材」に意識を向ければ、文章は苦にならなくなるはずです。なぜなら、LINEがそうな

もちろん、カジュアルなコミュニケーションと、ビジネスや仕事における文章には違いがありますが、ベースの考え方は同じ。

そして、LINEでコミュニケーションが成立しているということは、「素材」がきちんとチョイスされているということです。

というのも、LINEのカジュアルなコミュニケーションでは、知らず知らずに「真の目的」と「読み手」を意識することになるからです。

それこそ、プライベートで遊びに行く約束をやりとりするとき、ダイレクトに「真の目的」と「読み手」を意識して行なうでしょう。そうでなければ、具体的な約束は設定できないからです。

LINEなら、「真の目的」と「読み手」が意識される。そして、的確な「素材」がチョイスされる。小学校の作文の呪縛からも立派な文章からも逃れられる。

そして、相手と的確なコミュニケーションができるという楽しみも生まれるのです。

「素材」とは、「事実」「数字」「エピソード」

「素材」さえあれば、読み手に必要なことは充分に伝わることが、LINEの例でご想像いただけたことと思います。

うまく表現しようとしたり、慣れない言葉を使おうとしたり、そんなことはしなくていいのです。

それこそ「素材」を並べるだけで、充分に伝わるコミュニケーションができる。

では、「素材」とは何か。

私は、自分の文章が何でできているのか、ということに向き合いました。そして気づいたのは、**「素材」とは、「事実、数字、エピソード（コメント＝会話文・感想）」**だということです。

実際、この3つだけで文章はできてしまうのです。

小説やエッセイなどを別にして、大人が読む文章、たとえばウェブサイトのビジネス記事などをよくよく読んでみてほしいのですが、「素材」しか入っていないのです。うまく表現するような言葉もなければ、慣用句もない。背伸びした立派な文章が書かれているわけではない。それで充分なのです。

では、例を見てみましょう。新聞記事です。朝日新聞デジタル、2022年10月13日の記事です。こちら、「素材」＝事実、数字、エピソード（コメント・感想）を意識して読んでみてください。

進む円安、「過度な変動には適切に対応」G20出席の鈴木財務相

２０２２年10月13日 12時37分

米ワシントンで開催中の主要20カ国・地域（G20）財務相・中央銀行総裁会議に出席している鈴木俊一財務相は12日、円相場が1ドル＝１４６円台後半まで円安が進んだ状況について「投機による過度な変動は容認できず、為替市場の動向を高い緊張感をもって注視していく」と報道陣に述べた。今後の為替介入の可能性については「過度な変動に対しては適切な対応をとりたい」と語った。

G20会合では、鈴木氏から日本政府が9月に実施した為替介入について説明したが、これに対するほかの国からコメント・感想はなかったという。

円相場は9月22日の介入以降、いったん1ドル＝１４０円台まで円高に振れたが、その後は徐々に円安が進む。日本時間の13日午前の時点で、東京外国為替市場では一時、１ドル＝１４６円台後半まで下落し、市場ではまた為替介入があるのではないかと警戒感も高まっている。

どうでしょう。事実、数字、エピソード（コメント・感想）で文章が構成されていること、イメージしていただけたでしょうか。

もう1つ、もう少し書き手の意志が入ったものも見てみましょう。これは私の著書『成功者3000人の言葉』（三笠書房）の本文冒頭の原稿です。「素材」＝事実、数字、エピソード（コメント・感想）を意識して読んでみてください。

そもそも世の中は理不尽で不平等である

文学専攻の著名な大学教授に取材をしているときでした。次々に質問を繰り出していた私に対して、彼が突然こう聞いてきたのです。

「上阪さん、ドストエフスキーを読まなければいけない理由を知っていますか」

私がキョトンとしていると、彼は訥々《とつとつ》と語り始めました。

「ドストエフスキーの小説には、人間というもののすべてが詰まっているんですよ。特に、人間が生きる世界が、いかに理不尽で、無慈悲で、不平等で、不合理で、残酷なものであるかが語ら

れている。それを理解して生きるのと、まったく理解しないで生きるのとでは、人生は大きく変わっていくんです」

たとえば、何か苦しいことがあったとき、人は思ってしまいがちです。

「どうして、自分だけ、こんな目に遭わなければいけないのか。こんなに努力をしているのに、どうして結果が出ないのか……」

しかし、もし「そもそも人生は不公平で不平等で極めて厳しいもので、ラクな道など、もともとない、ありえない」と認識していたとしたら、どうでしょうか。

取材した多くの方に感じたことがありました。みなさん大変な努力や苦労をしている。だからこそ、大きな成功を手にしているわけですが、本人たちはそれを大した努力や苦労と思っていないのです。

思えば私自身の20代は、何かに期待し、幸運を待ち望み、努力が結果につながらないことに怒り、自分を責め続けていました。ひどい20代でした。ところが、苦しさは当たり前なのだ、と思えるようになった30代から、人生は一変しました。

その最大の要因は、生きる前提が変わったことだと私は思っています。生きていくのはそもそも大変、ラクをして生きられるなんてありえない、努力が必ずしも報われるとは限らない……。

そう思うようになれば、そのつもりで行動することになる。自分に納得できるようになる。認識が言動を変え、結果をも大きく変えるのです。

世の中に期待しない。その覚悟だけでも、人生は変わります。

どうでしょうか。一般論や多くの人の認識は事実として、私の感想はエピソードとして加えられていますが、やはり「素材」＝事実、数字、エピソード（コメント・感想）で実は文章が構成されていること、おわかりいただけると思います。

スマホやパソコンでニュースや記事を読まれる方も多いと思います。

また、社内の文書でも構いません。

「素材」＝事実、数字、エピソード（コメント・感想）を意識して読んでみてください。

実は、文章が「素材」で構成されていることに気づけるはずです。

Point 13

必要なのは、説得・納得できる「素材」

文章の才能はいらない、と書く理由

先に、私には文章の才能はない、とはっきり書きました。

私は思い切りそれを自覚しているのですが、では書く才能がないのに、どうして書く仕事で食べてきているのか。

30年近くフリーランスとしてたくさんの記事を書き、50冊も自分の著書を書いたりしているではないか。ましてや、他の著者の本を、本人に取材して本人に代わって書く、などという仕事までしているではないか。

そんなふうに思われる人も実はよくおられるのですが、私はこう思っています。

「書くことは、この仕事の本質ではない」

私の仕事は、小説を書くことやエッセイを書くことではありません。

もし、そうなら書く才能は必要だったと思います。

しかし、そうではないのです。

ビジネス関係を中心に、いろいろな人にベネフィットを与えられるような記事を書く。そのためには、書くこと以上に大事なことがあるのです。

それこそが、的確な「素材」をチョイスする力であり、わかりすく読者に伝えていくことができる力です。おそらく私には、ここに多少の才能があったのだと思っています。

では、仮に私に文章の才能があったとして、的確な「素材」を選べなかったとしたらどうか。経営者向けの記事を、若手社員が知りたいような内容で書いてしまったらどうなるか。あるいは文章は立派に書けるけれど、読みにくく読者が理解しにくいものになっていたらどうか。

「書きたいこと」ではなく「書くべきこと」

私の仕事は、小説家やエッセイストなどと違い、文章を楽しんでもらうような世界ではないのです。それは「目的」が異なります。あくまで、読者に役に立つ「素材」こそが重要なのです。

それこそ、しっかり「素材」がチョイスされているのであれば、荒削りの原稿であっても充分に評価してもらえるのです。立派な文章だけれど、ピント外れの「素材」が使われているものよりも、はるかに。

私が長くこの世界で食べてくることができ、たくさんのチャンスをもらえたのは、このことに早いタイミングで気づけたからだと思っています。

問われるのは、「どう書くか」ではなく、「何を書くか」。そして先にも少し触れていますが、「書きたいこと」を書くのではなく、「書くべきこと」を書く。もっといえば「読者が知りたいこと」を書く、ということです。

この気づきは、私が書くのが嫌いで苦手だったことが大いに影響したと思っています。だからこそ、この仕事の「本質」に気づくことができたのです。

その意味で私は、あえて苦手なことを職業にしてみるというのは、実はポジティブな職業選択の方法なのではないか、と思っています。そのほうが案外、人生はうまくいくのではないか、と。苦手だからこそ本質に気づくことができるからです。

好きなこと、得意なことをするだけが人生ではないのです。

ビジネスで求められるのは、説得力であり納得力

私の場合は、案件ごとに目的や読者が存在するわけですが、では、一般的なビジネスで求められる「素材」＝事実、数字、エピソード（コメント・感想）とは、どのようなものになるのか。

それは、「説得材料」であり、「納得材料」だと私は思っています。

たとえば、

- **新しいプロジェクトをやりたいという提案書を上司に書く**
- **どうしても一度、商談をさせてほしいというメールを取引先の社長に書く**

・広く自分を社内に知ってもらうための社内報エッセイを社員に向けて書く
・失敗をしてしまったことのお詫び・謝罪の手紙を顧客に書く

こういうときに必要になるのは、それがなんなのかを説明するための「素材」であり、その実現の裏づけとなる「素材」、起きてしまったことを解説するための「素材」であるはずです。そうすることで、読み手は説得力や納得性が得られる。

いくら熱く、饒舌に、立派に上手に文章を書いたとしても、説得材料が弱いものであるならば、納得はしてもらえません。

根拠をどんどん挙げ、論理立てて使う

たとえば提案なら、それを実現させたいという根拠がしっかりあるはずです。プロジェクトの提案なら、このプロジェクトはなぜやるべきなのか、理由が間違いなくある。

このプロジェクトはどんなものなのか。このプロジェクトをやれば、会社にどんなベネフィットをもたらすことができるのかを語れないといけない。それもないのに、提案が受け入れら

れるはずがありません。

そしてプロジェクトは何かという説明、さらにはプロジェクトをやるべきだという根拠こそ、まさに「素材」です。「素材」を「事実」「数字」「エピソード（コメント・感想）」で洗い出してみるのです。

文章の「素材」というと、難しく考えてしまいがちなのですが、ここぜひやってみてほしいのが、「もし、読者が目の前にいるとして、話して説明するとすれば、どうするか」です。

提案でもお願いでも、人は誰かに何かを伝えようとするとき、間違いなく、その理由や根拠を伝えているはずなのです。

そうでなければ、自分の思いは達せられないから。しかも、とても論理的に説明をしていたりする。

子どもに電気自動車の素晴らしさについて説明するときと、50代の部長に電気自動車の素晴らしさについて説明するときには、最初に何を話すか、から、人は変えていくものです。そして、電気自動車の素晴らしさについて理解を深められるよう、根拠を展開していく。これこそが「素材」です。

まずは説明材料や根拠となる「素材」をどんどんリストアップしていくことです。どんな根拠を伝えていけば、説得材料になるのかを洗い出すのです。

そして、並べた「素材」をどうやって使えば、最も論理立てて理解できるかを考えていけばいい。

このとき、しゃべるつもりで考えたらいいのです。なぜなら、しゃべるも書くも、コミュニケーションのツールとしては同じだからです。そして、後にくわしく解説しますが、しゃべるときには案外、論理的にしゃべっている。

ぜひ、覚えておいてください。

Change your mind!

発想転換 4

文章力とは実は「メモ力」であると知る

Point 14

なぜ、新聞記者はメモ帳を手にするのか

新聞記者が「メモ」しているのは「素材」

文章は「素材」でできている、と書きました。
「素材」さえあれば、文章は書けるのです。

逆に書けないのは、「素材」が揃えられていないから。
実は「書き方」に問題があるのではなく、「素材」が集められていないことにこそ、問題があったのです。

実際、「書き方」の本を何冊も読んだのに、文章が書けない、という人から相談を受けたことがあります。それは当たり前です。
「素材」がないのに書こうとしたら、私が20代に苦しんだように、言葉を探したり、見つけたり、創り出そうとして悪戦苦闘することになってしまいかねないからです。

書くのが苦手という人は、「素材」に目を向ければいいのです。

それこそ、ＬＩＮＥのコミュニケーションには困っていないことに気づいてほしい。ＬＩＮＥは「素材」をやりとりしているだけだからです。

そして文章が書ける人も、実はちゃんと「素材」を意識している、というわかりやすい事例を紹介しておきましょう。

それは、記者です。そして記者が必ずやっていることがあります。**「メモ」**です。

新聞記者しかり、雑誌記者しかり、彼らは必ずメモ帳を手にしています（いまはＩＣレコーダーも多い）。なぜ、記者はメモ帳を手にしているのか。そこに「素材」をメモしていくためです。

そうなのです。文章の「素材」というのは、実はあちこちに転がっているのですが、ぜひ知っておいてほしいのは、すぐに忘れてしまう、ということなのです。

だから、「メモ」が重要になる。

「メモ」をしておかなければ、「素材」を忘れてしまうのです。

だから、記者は「メモ」を取るのです。

書く仕事をしている私も、メモを取ります。しかも、膨大な量のメモを取ります。もしくは、ICレコーダーで録音する。なぜなら、忘れてしまうからです。

日報が書けない人は「メモ」していない

実は私の最初の就職先は、アパレルメーカーでした。仕事は営業です。
残念ながら1年半しか在籍していませんが、とても苦しい時間がありました。
それは、日報を書かなければいけないことでした。

当時はまだ、文章に強烈な苦手意識を持っていた時期。その苦手意識も手伝ってか、どうにも書けないのです。しかし、スカスカのままで日報を提出するわけにもいきません。幼稚な感想を書くわけにもいかない。とにかく苦しい時間だったのでした。

しかし、なぜ当時、日報が書けなかったのか、いまははっきりとわかります。それは「素材」を「メモ」していなかったからです。

1日をどんなふうに過ごしたのか。案外、覚えていないものです。するとどうなるのかというと、日報を書く段になって困ってしまうのです。なぜなら、思い出せないから。

先に「素材」とは、事実、数字、エピソードだと書きました。必要なのは、起きたこと、得た数字、エピソードやコメント、感想などの「素材」をしっかりメモしておくことだったのです。それさえあれば、日報を書くことはまったく困らなかったはずです。

ところが、「メモ」をしていなかった。「素材」がないわけですから、書けません。これこそが、私が苦しんだ理由だったのです。

すぐに「メモ」するだけで日報はラクチン

同じように営業日報を書くのが苦しい、というビジネスパーソンは少なくないのではないでしょうか。

営業以外の職種でも、日報や業務報告を求められることがあります。しかし、夕方になってその日の1日を思い出そうとしても、思い出せるものではないのです。

コロナがやってきて、リモートワークが増えたという会社もあります。1日、何をしていたか、会社に報告しないといけない、という人も少なくないでしょう。

ところが、書けない人がいる。それは、1日について、しっかりメモをしていなかったからです。

たとえば営業なら、どんな顧客を訪問し、どんなコミュニケーションをし、どんな約束をしてきたか。担当者の反応はどんなで、それに対して自分はどう感じたか。次に何をしようと考え、どんなアクションを取ったのか……。

こういうことを訪問後すぐに、しっかり「メモ」しておくことです。

なぜなら、そのすべてが「素材」だから。「メモ」しておけば、夕方、会社に戻ってから書くことにまったく困りません。むしろ、書けることがたくさんありすぎて、書き切れないくらいかもしれない。

そして、とにかく細かく訪問時の内容が報告できますから、上司にも喜ばれると思います。

顧客について、あるいは担当者との関係について、しっかり理解ができるからです。

これは、他の職種も同じです。リモートワークでも同様。1日を過ごしているわけですから、必ずやっている仕事がある。それを、しっかり「メモ」しておくことです。

どんな仕事をしたか。どんな成果を出したか。どんな感想を持ったか。次にどうつなげていくか……。上司に報告しようとするならば、その内容は、実はたくさんあるのではないでしょうか。それを、どんどん「メモ」していけばよかったのです。そして、そのメモを「素材」に、1日の終わりに日報にしていけばいい。

それこそ、箇条書きでもいい。なぜなら「目的」は、日報を書く（上司が読む）ことではないから。1日、何をしていたのかを知ってもらう（上司が知る）ことこそが、「真の目的」だからです。

「メモ」なんて面倒だ、と思う人もいるかもしれません。しかし、**「メモ」というひと手間が、あとあと日報という文章を書くときに、大きな差を生む**のです。

時間をかけて「素材」を出していく方法

「メモ」の重要性は、もちろん日報に限りません。あらゆるところに文章の「素材」は潜んでいるのです。

これは後にくわしく書きますが、たとえば社内報のエッセイのようなものは、パソコンの前に座ったからといって「素材」が出てくるものではありません。

むしろ、駅までの道を歩いているときに、ひょいと思い出したり、「あ、これも書けるな」と浮かんだりするものなのです。しかし、注意しなければいけないのは、すぐに忘れてしまうこと。だから、すぐに「メモ」するのです。

先に、私の本の中の原稿をご紹介していますが、あの内容もパソコンの前に座って、すぐにスラスラ出てきたわけではありません。書く内容について、ずっと考えて続けていて、「素材」をメモしていったのです。それを書くときに取り出して、一気に書いていきました。

実はこの本も同様です。先に、頭からいきなり書いていく小説家のエピソードを紹介していますが、そんなことは私にはできません。

そこで、どんな構成にするのか、まずは「素材」をどんどん出していくのです。

このとき、私が心掛けているのは、パソコンの前に座って一気に出そうとしないこと。これは他の本も同じですが、「素材」は何日もかけて少しずつ出していきます。

これは取材で聞いた話ですが、人間の脳というのはおもしろいもので、指令を出しておくと、勝手に考えてくれているのだそうです。しかし、それを取り出すことが難しい。アイデアも同様です。

ある放送作家は、こんなことを言っていました。「脳が油断したときに、そういうものがパッと思い浮かぶ。だから、それを捉えてメモをするのだ」と。

皆さんも経験があるのではないでしょうか。シャンプーをしているときに、突然、仕事のアイデアが浮かんできたり、車の運転をしているときに課題の解決方法が浮かんできたり。

運動をするのも、いい方法だそうです。つまり、何か別のことをして脳が油断したときに、投げかけていた問いの答えが出てくるというのです。

逆に、パソコンの前でウンウンうなったところで、アイデアや「素材」は出てくるものではない。アイデア出しはデスクに向かっては、むしろしないほうがいいのです。

これは私も大いに共感したのでした。ですから、「素材」もデスクで一度に出そうとしない。少しずつ出していく。そうすると、脳が油断したときに、「お、この話も書けるな」「この素材も使える」となるのです。

先の放送作家は毎朝のジムに行くとき、必ずメモ帳を持参していると言っていました。メモしなければ、忘れてしまうからです。

父母が悩む小学校の授業参観の感想文

「素材」の重要性について、改めて強く実感した、わかりやすいエピソードがあります。私の娘がまだ小学生の頃、授業参観が行なわれたのでした。

そして、あらかじめ聞いていたのが、「見学してくださった方は、翌週、授業参観の感想文を提出してください」という学校からのお願いでした。

文章量は300文字ほど。とても少ないボリュームです。しかし、学校への提出です。おかしなことを書くわけにはいかない。

これに保護者の皆さんは、大いに頭を悩まされていたのでした。

その後、子どもの父親が集まる会に参加していると、こんなことを問われました。

「文章を書く仕事をされているわけですから、あの感想文もさぞや速く書かれたんでしょうね」

聞けば、参観日のあった週の週末は、この感想文にかかりきりだったそうです。

何を書いていいのか頭を悩ませ、ああでもない、こうでもない、と何度も書き直し、奥さんからもダメ出しをされ、ほとほと嫌になった、と。

中には、どちらが感想文を書くか、夫婦でおおいに揉めて、ケンカになってしまった、なんて話もありました。

では、私はどうだったのかというと、申し訳ないので口にはしませんでしたが、5分もかからずに感想文を書いていたのでした。

もうおわかりかもしれません。

理由は簡単で、「素材」をしっかり「メモ」していたからです。

あとで感想文を求められることがわかっているのですから、「素材」を用意しておけばいい。そこで、学校の入口から手にしていたスマホにどんどんメモを入れていきました。保護者の男女バランスはどうか、受付の対応は、子どもたちの下駄箱の様子、教室の壁には何が貼ってあるか、先生が放った気になる一言、印象的な子どもの行動……。それこそ、「事実」「数字」「エピソード・感想」を意識しながら、どんどんスマホにメモしていきました。

これだけですでに大変な量です。300文字を書くなど、なんでもありません。最も強く印象に残った「事実」を書き、そこに自分の感想をかぶせておしまい、でした。スマホでささっと5分もかかりませんでした。学校への提出物は手書きですので、手書きの清書を、妻にお願いしました。

なぜ毎月1冊、本が書けるのか

小学校の授業参観といえば、それなりに非日常ですし、印象に残ることもたくさんありそうです。

ところが、やはり忘れてしまうのです。だから、何を書けばいいのか、ということになってしまう。改めて、「素材」を「メモ」することの重要性を、強く認識するようになったのでした。

皆さんにもぜひ知ってほしいことは、「素材」がなければ書けない、ということです。**そのためにも「メモ」を活用する。どんどん「メモ」を取っていく。**

それを、文章の「素材」に活用していく。

「素材」さえあれば、怖くはありません。どんなに長い文章でも、です。

著者に代わって本を書くブックライターという仕事も私はしている、と書きましたが、私がまったく困らないのは、本の内容、すなわち「素材」は著者へのインタビューで獲得することができるからです。

1冊につき、おおよそ10時間ほどインタビューをします。この内容こそ、すべて本の「素材」になります。

これだけの量になると、さすがに「メモ」は取れないので、ICレコーダーで録音し、専門の業者さんにインタビュー内容をテキスト化してもらっています。

本の「素材」が詰まったテキストがすでにある、ということ。あとは、この「素材」を使って、本を構成していくのです。

月に1冊ずつ本を書けるのは、「素材」は著者が持っているから。それをインタビューで引き出せばいいから。

その意味では、**書くこと以上に大事なことは、聞くことだったりします**。いい「素材」を聞くことができなければ、本は作れないから。聞いていない話を勝手に創作することはできないからです。

それほどに「素材」は重要なのです。

Point 15

人は「忘れる生き物」だと認識する

「メモ」をしないと絶対に忘れてしまう

どうしてこれほどまでに「メモ」にこだわるのか。

それは、文章とは「何を書くか」こそが重要であり、その「素材」＝「メモ」だからです。

何もしなくてもスラスラ書ける文才のある人でなくても、しっかり「メモ」さえ取っていれば、必ずスラスラ文章が書けるようになります。

実は「どう書くか」などよりも、はるかに大事なことは、「素材」＝事実、数字、エピソード（コメント・感想）を「メモ」することなのです。

そしてこのことを強烈に思い知らされた、ある大学教授への取材がありました。彼もまた「メモ」を極めて重要視していたのですが、理由は簡単で、「メモ」さえしっかりしていれば、さまざまな原稿がすばやく書けるからでした。

そしてもう1つ、なぜ「メモ」が重要なのか、こんな話をされたのです。

人間はそもそも、忘れるようにできているのだ、と。だから、「メモ」をしておかないと、どんどん忘れていってしまう。そのことがわかっている人は、ちゃんと「メモ」を取る。しかし、わかっていない人が、いかに多いか。

人間の歴史は約500万年と言われています。いまのような近代の生活は、人間の歴史からすれば、本当にごくわずかだったりします。

では、歴史の大部分、人間はどうして過ごしていたのかというと、多くの動物と同じようにジャングルにいたのです。

ジャングルで生まれ、ジャングルで生活し、ジャングルで食物を得て、ジャングルで一生を終えていたのです。

忘れることは、人間の本能である

では、ジャングルの生活とはどのようなものか。

想像できると思いますが、人間が最も強いわけではまったくありません。獰猛《どうもう》な動物がたくさんいます。危険な爬虫類《はちゅうるい》や虫たちもいる。つまり、油断はできないということです。

それこそ、一瞬でも気を緩めると、ガブリ、とやられてしまうかもしれない。常に緊張感を持ち、周囲に目を配って生きていかなければならなかった。そして、こういう歴史のほうが、はるかに長いのです。

では、人間はジャングルの危険の中で生き延びるために何をしたのか。

瞬時にリスクを察知できるよう、脳のスペースを常に空けておくようになったのです。その

ために は、脳の中の余計な情報はどんどん捨てていかないといけない。こうして、本能的に忘れるようになっていったのです。

忘れることは、人間の本能なのです。

たしかに記憶力が優れている人もいます。また、とんでもない集中力を発揮する人もいます。しかし、もしかすると昔のジャングルにおいては、そういう人たちは生き残れなかったかもしれない、と彼は言っていました。

生きていくためには、脳に余計なものを置いておく余裕はなかったからです。どんどん忘れたほうがよかったし、周囲が気になってしょうがない、そわそわと落ち着かない人のほうが、長生きができた。

実はそもそも人間は集中力が続かない、というのも、ちゃんと理由があったのです。集中なんてしていると、ガブリとやられてしまうから。

これは、忘れられない取材の1つとなりました。

仕事で指示を受けるときにも必ず「メモ」を

人は本能として忘れるようにできています。だから、何もしなければ、あっさり忘れてしまいます。それこそ、さっきまでやろうと思っていたことを、いきなり忘れてしまったりすることもあったりします。

仕事の帰りにコーヒー豆を買っていこう、と思っていたのに、忘れてしまった。子どものためのオムツを頼まれていたのに、すっかり失念した。ネットで炭酸水を注文しないといけなかったのに、うっかりしてしまった。観葉植物の水やりを忘れた……。

プライベートでも、大切なことをすっかり忘れてしまった経験を持つ人は少なくないと思います。しかし、仕事でうっかり忘れてしまったりすると、大変なことになってしまいます。

たとえば、上司から仕事の指示を受ける。こんな目的で、こんな人たちに向けて、こんなパワーポイントのスライドをこの日までに作ってほしい、とお願いされたとする。しかし、しっかり「メモ」を取っておかないと、忘れてしまう危険が常にあるのです。

あれ、何日の何時までだっけ？　何か注意しないといけないことを言われていたような……。なんてことになりかねないのです。

社会人になったら、当たり前のようにメモを取ることの大切さを教わるわけですが、それは忘れてしまうからです。

このくらいなら忘れずに覚えているだろう、と思っていたとしても、あっという間に忘れてしまったりするのです。

だから、必ず「メモ」を取る。打ち合わせには、メモできるものを持っていく。

パソコンでも構わないし、手帳でもノートでも構わないのですが、「メモ」をしっかり取る。

それを怠って、あとから再び上司に聞きに行く、などということになったら、部下としての信頼はまるつぶれです。ましてや、もし仕事の発注者がお客さまだったりしたら、いきなり残念な印象になってしまいます。

「Ｔｏ Ｄｏリスト」に落とし込み、うっかりを防ぐ

また、仕事は複数のものが入り組んで走っていきますから、いつまでに何をやるのか、は常に整理が必要です。

そのために、スケジュール帳や管理ソフトが意味を持ってくるわけですが、同時に大きな効力を持つのが、Ｔｏ Ｄｏリストです。

やらなければいけないことを、Ｔｏ Ｄｏリストにして一覧できるようにしておく。そして、できたものから、どんどん消していったり、リストからはずしていったりする。

そして「これをやっておかないと」と思い出したりしたものも、どんどんＴｏ Ｄｏリストに追加していく。そうすることで、仕事のうっかりを防ぐことができます。

特に仕事がたくさん増えたり、複雑な仕事を受けたりするときには、Ｔｏ Ｄｏリストは必須です。

覚えていられるから大丈夫、などと絶対に思わないほうがいい。なぜなら、人間は忘れる生き物だから。それを前提にしたほうがいいのです。

忘れてしまったら、残念な人になってしまうのです。

ちなみに私は、仕事のＴｏ Ｄｏはもちろんですが（仕事をどんどん細分化して、Ｔｏ Ｄｏリストに落とし込んでいます）、コーヒー豆を買う、観葉植物の水やりをする、などプライベートのちょっとしたこともメモするようにしています。

Ｔｏ Ｄｏリストに加えてしまうこともありますし、自分にメールを入れることもあります。

こうしておけば、うっかりを防げる。たったこれだけで、できなかった、というがっかり感やストレス感もなくなります。

また、仕事でインタビューするときに必ずＩＣレコーダーを回していますが、仕事の発注や打ち合わせも録音しています。なぜかといえば、忘れてしまうからです。

もちろん、メモも取りますが、すべての内容をメモに取り切れない。なので、ＩＣレコーダーで録音してしまいます。

もし、メモに書き切れなかったことがあれば、録音に立ち戻ればいい。

特に、納期が先のものに関しては、対応が先になりますから、くわしい内容を忘れてしまっているもの。録音は、貴重な「メモ」になります。

Point 16

聞いたことだけでなく、見たこと、感じたこともメモする

スマホという便利な「メモ」ツール

人は忘れてしまう生き物、ということがわかれば、たとえば気になるニュースをネットで見つけたり、仕事につながりそうな数字やエピソードに出くわしたら、必ず「メモ」を取っておいたほうがいいことにも、お気づきいただけると思います。

スクショするもよし、サイトのリンクを自分にメールするもよし、気になる情報をストックするノートにメモしていってもいい。

いずれ、それはどこかで使えるかもしれません。文章の「素材」にできるかもしれないし、スライドで使えるかもしれない。

そしてこれも、「メモ」しておかなければ、間違いなく忘れてしまいます。

ああ、あのデータあったなぁ、ということすら忘れてしまう可能性がある。

人は、そういう生き物なのです。だから、とにかく「メモ」を取るクセをつける。


かつて「メモ」はちょっと面倒なものでもありました。ペンと手帳なりノートなりが必要だったからです。

たとえば、駅まで歩いているときに何かが浮かんだとしても、鞄をゴソゴソしてペンとノートを取り出したりしないといけなかった。面倒だったのです。

それこそ、私は週末のランニング中に、いろいろなアイデアや文章の「素材」が浮かんでくることが多いのですが（走っていることで脳が油断しているのです）、ペンとノートを持って走るわけにもいきません。


ところがいまは、四六時中、肌身離さず持っているものがあります。スマホです。

スマホなら、瞬時に開いて「メモ」することができる。これを使わない手はありません。

先に授業参観の「メモ」の話を書いていますが、これもスマホがあったからこそできたと思っています。ノートとペンを手に授業参観を見るというのは、あまりに仰々しすぎると思うからです。

録音する、撮影する、という「メモ」法

私は、**スマホのメーラーの下書きに、タイトルをつけてメモを取っています。**思い浮かんだものは、該当するタイトルのところに、どんどん書き足していきます。そして、ある程度、文章の「素材」がたまってきたら、そのまま自分にメールを送ってしまいます。これが、書くときの「素材」になります。

先の大学教授は、音声で「メモ」を録っている、という話をしていました。浮かんだ内容を、スマホのボイスメモに入れていくのです。ボイスメモなら、テキストを書く必要がありませんから、書くメモよりも素早くメモできます。

ただし、録音したデータを聞き直すという時間が必要になりますから、そこがネックかもしれません（自動の文字起こしアプリなどもあるようですが、それを使ったとしても手間がかか

ります）。

そしてスマホを使った「メモ」といえば、写真があります。先にスクショについては書きましたが、スマホでネット検索をしていて、気になる情報があれば、どんどんスクショしていけばいい。これも立派な「メモ」です。

その一方で、**写真も「メモ」として活用できます。**たとえば、工場に視察に行ったとする。どんな工場なのか、工場の歴史についてメモしたり、広さや働いている人の数などの数字をメモしたり、工場で働いている人の話を聞いてメモしたり、事実、数字、エピソード・感想をメモしておくことも大事なことですが、写真を撮っておけば、これもまた使えます。

工場の視察についてレポートにしたり、文章にしたりするとき、すべての「素材」をメモできるとは限りません。工場の外観の特徴について、しっかり捉えてメモができるかどうか。それよりも、工場の外観を撮影しておいたとすれば、どうでしょうか。

文章を書くときに、写真を見返して、外観の特徴についての「素材」を手に入れることができるわけです。

実際、私は取材に出かけると、写真が撮れるところでは、どんどん撮っていきます。文字ではとても「メモ」できないことが、写真で記録できるからです。あとで思い出して書こうとしても、そうそう書けるものではない。だから、写真に撮るのです。

取引先の様子も「メモ」して日報に

「メモ」を取る、と聞くと、多くの人が「誰かが話しているのをメモする」という印象を持つようです。これもまた、学校教育の大きな影響なのかもしれません。

しかし、取るべき「メモ」は、しゃべっている内容ばかりではないのです。

たとえば、先に営業日報について書いていますが、取引先の担当者がこちらの提案に対して、どんな表情をしていたか。あるいは、どんな対応をしたのか。こういうことも、メモをしておくことには価値があります。

もし上司に報告するとき、商談に出てきた人がどんな人物で、どんな様子だったか、日報で伝えられると、これは貴重な営業情報になりえるからです。

「提案の話をしている間、ずっと資料に目を向けたままで、こちらを向いてもらえなかった」
「1時間の約束だったが、所用ができたとのことで、30分で帰された」
「これまでのような固い感じではなく、上着を脱いでフランクに対応してもらえた」
「初めてお会いした40代前半とおぼしき課長が、笑顔で挨拶に出てきてくれた」

こうした内容が日報の「素材」として書かれていれば、上司は営業の状況について、より深く理解できるでしょう。

しかし「メモ」しておかなければ、忘れてしまいます。取引先の話をメモしていくことも大事ですが、自分からどう見えたかも「メモ」していく。これは貴重な文章の「素材」になります。

五感すべてを使って「メモ」を取る

経営者へのインタビューは、私の大切な仕事の1つになっていますが、インタビューといっても、経営者の話ばかりが原稿の内容、つまり「素材」になるわけではありません。それこそ「五感」を使って、私はメモを取るようにしています。

たとえば、インタビューの場所になる応接室はどんな様子なのか。どんな色のどんなカーペットが敷かれているか。ソファの色や形、大きさは。置かれている調度品はどんなものか。窓から見える景色は。テーブルはどんなもので、その上に何が置かれているか。どんな雰囲気か。香りはあるか……。

そんなものを「メモ」してどうするのか、と思われるかもしれません。しかし、経営者のコメントだけではなく、インタビューがどんな場で行なわれたのかを詳細に記すことによって、臨場感が一気に増していったりするのです。

例をご紹介しましょう。2022年4月に刊行になった私の著書『子どもが面白がる学校を創る』（日経BP）の本文冒頭です。

広島県の行政を司る広島県庁。県教育委員会（県教委）の入るフロアの一角に、教育長室はある。広さは30畳ほど。入り口を入ると右奥に大きな木製の執務デスクがあり、その前には10人は軽く座れる大型のテーブルが置かれている。

筆者は東京・霞が関で金融担当大臣など国務大臣への取材経験が何度もあるが、大臣室によく似ていた。そのはずだろう。実は、極めて重要な役職だからだ。教職員を合わせると、教育に関わる職員は広島県では1万6000人を超える。県教育委員会教育長（以下、県教育長）が率いるのは、県庁の中でも最大規模の組織なのである。

2018年4月、この重要なポジションが交代したのだが、これが大きな注目を浴びることになった。県外から、しかも民間経験を持つ49歳の女性が抜擢されたからだ。

この本は、広島県の県教育長になった民間出身の女性の教育改革について書いたノンフィクションですが、私はまず県教育長がいかに重責なのか、を知ってほしかったのです。そのために、広々とした教育長室を象徴的に使うことを考えたのでした。

目で見て感じたことを「メモ」しておくことで、こんなふうに「素材」として使うことができるのです。

これは後にも書きますが、レポートのような文章は、読者に書き手の追体験をしてもらうことが、最も手っ取り早いと私は思っています。そうすることで、書き手が驚いたこと、感動したことなどが、同じように読み手に伝わっていくのです。

追体験をしてもらうわけですから、それだけの文章「素材」が必要になります。それをとにかく集める。そのために五感を使い、どんどん「メモ」を取っていくことが意味を持つのです。

「素材」さえあれば、文章は怖くない

文章はゼロから書くわけではない。「素材」さえあれば、書ける。その「素材」は忘れないよう、「メモ」をするところから始まる。

「書く前」を変えていく、という意味、おわかりいただけたでしょうか。

文章とは何か、何が文章を作っているのか、どうすれば書けるようになるのか、どうなったら書けないのか。それを理解しておけば、文章を書くことはは怖いものではなくなります。

まずは「素材」を意識すること。「素材」が文章を作っていることを理解すること。

その上で、いよいよ「書き方」が始まるのです。

STEP-2
まとめ

□ 文章は「素材」を集めるところから

□ 「素材」とは事実、数字、エピソード(コメント・感想)

□ 「素材」の量が、文章量の差になる

□ 求められるのは、説得力・納得力

□ 「メモ」を取っていないから書けない

□ 聞いたことだけでなく、見たこともメモ

STEP-3

「書き方」を変える

Change your mind!

Change your mind!

発想転換 5

まずは「素材」のピックアップから

Point 17

必要な素材を「目的」と「読み手」で集める

「素材」集めは、難しいものではない

いよいよステップ3です。文章の「書き方」を考えていきます。

「書き方」でとにかく意識しないといけないこと。それは、いきなり書き始めないことです。しっかり準備をしてから書き始める。それが、スラスラにつながります。

文章は「素材」でできている、と書いてきました。

ですから、文章を書くときにまずやらなければいけないのは、「素材」をピックアップし、集めることなのです。「素材」がなければ、文章は書けないからです。

「何を書くか」こそ、まずは考えなければいけないのです。

難しく考える必要はありません。必要な「素材」は、必然的に出てくるものだから。

伝えないといけないこと、伝えたいことそのものだからです。

そしてそのために、しっかり頭に入れておきたいのが、先にも紹介している「目的」と「読

み手」です。

ビジネスの文章には、必ず「目的」があって、主たる「読み手」がいるはずです。それを意識することで、「素材」はよりピックアップしやすくなります。

「目的」のために「読み手」に対して、どんな「素材」が必要になるのか。それを考えてみることです。

たとえば、メールの「目的」には、こんなものがあります。

目的	
・提案	・連絡
・確認	・相談
・お礼	・謝罪
・報告	・問い合わせ

一方、メールの送り先である「読み手」にも、さまざまあります。

読み手

- 上司
- 役員
- 取引先の担当者
- 同僚
- 違う部署の社員
- 個人のお客さま
- 新規の取引先

たとえば、「提案を上司に」行なうのと「提案を取引先の担当者に」行なうのとでは、内容は変わるでしょう。「確認を同僚に」行なうのと「確認を新規の取引先」に行なうのとでも異なります。

他にも「報告を役員に」「報告を違う部署の社員に」など、それぞれを掛け合わせていくと、いろいろな「素材」の違いがイメージできるのではないでしょうか。

同じ「目的」でも、「読み手」が変われば必要な「素材」も変わっていきます。まずは、この「変わっていく」ということをしっかり理解し、意識することです。

「真の目的」と「ターゲット」で「素材」が集まる

そして、先に「真の目的」という話をしています。これが「素材」を集めていく上では、大きな意味を持ってきます。

単なる目的から、一歩踏み込んで「真の目的」まで考えてみる。「真の目的」と「読み手」を組み合わせる。そうすることで、「素材」は集めやすくなるのです。

たとえば、こんなケースがあるとしましょう。

・文章テーマ「化粧品」

どうでしょう。これでは、あまりに漠然としています。何を書いていいのか、どんな素材を集めればいいのか、わかりません。

そこで、一歩踏み込んで「真の目的」を確認するのです。

「アレルギーの啓蒙」
「5分でワンポイントレッスン」
「化粧品のお仕事」

どうでしょうか。ぐっとイメージが湧いてきたのではないでしょうか。しかし、ここで止まらず、「読み手」も加えてみるとどうなるか。

「アレルギーの啓蒙」を「20代女性に向けて」
「5分でワンポイントレッスン」を「高校生に向けて」
「化粧品のお仕事」を「小学生に向けて」

どうでしょうか。またグッと「素材」がイメージできたのではないでしょうか。

こんなふうに「真の目的」まで踏み込み、さらに「読み手」を意識することで、「素材」は集めやすくなります。

「素材」は、事実、数字、エピソード（コメント・感想）と書いてきましたが、すぐ手元に資料やデータがなくても、インターネットで調べたり、参考文献を当たったりするためのヒントにできます。

逆にいえば、「素材」が出てこないのは、「真の目的」と「ターゲット」が整理できていない、あるいは、ぼんやりしている可能性が高いのです。

さぁ書くぞ、とパソコンに向かう前に、まずは「真の目的」「ターゲット」をしっかりイメージしておくことです。

Point 18

お礼メール、出張レポート、研修の感想・報告

会食の「お礼」メールは会食時から始まっている

続いて、ちょっとした工夫で「素材」は集めやすくなる、という話をしておきましょう。

たとえば、あるプロジェクトが終わって、取引先から会食に誘われ、役員や上司、同僚などとともに伺ったあとに、「お礼」のメールを出すとしましょう。

送り先の「読み手」である上司、役員、取引先の担当者、同僚、違う部署の社員では、内容はすべて同じでいいでしょうか。違うでしょう。

役員には、こんなプロジェクトを任せてもらえたお礼がいいかもしれない。取引先の担当者には取引をさせてもらったお礼。上司にはサポートしてもらったお礼。同僚は一緒に頑張ってくれたお礼。違う部署の社員には陰ながら支えてもらったお礼かもしれない。

そして「お礼」のメールでは、1つ大きなポイントがあります。

それは、**「お礼」メールを書くことがわかっているなら、「素材」集めは「お礼」の対象となるシーン、この場合なら食事のときから始まっている**ということです。

実際、会食に誘ってもらった取引先の担当者に「昨日は食事をありがとうございました」という当たり前の慣用句の御礼で、果たして感謝の気持ちは通じるか。

それこそ、誰にでも言えてしまう一言を書いたところで、思いは伝わらないでしょう。そこで、なんとかしようとデスクでウンウンうなってしまうことになる。書けない。

なので、こういうとき、ぜひ使ってほしいのが、すでに紹介している「素材」の「メモ」なのです。

あらかじめ食事の「お礼」のメールを出すことがわかっているのであれば、食事の場から「素材」の準備は始まるのです。

「お礼」のメールに入れる内容を、アンテナを立てて探しておくのです。

昨夜はありがとうございました。
お話されていた、◎◎さんの入社3年目のとき、上司からお聞きになったというエピソード、とても強く心に残りました。
「仕事は必ず誰かが感謝してくれている」
私も、この言葉を励みに、これからも頑張っていきたいと思います。

たとえば、会食の最中に取引先の担当者が、若い頃に聞いたというとてもいい言葉を発したりする。また、プロジェクトのどんな場面が最もうれしいと感じたかを話したりする。なぜこの店にしたのか、どんなにこの店を気に入っているか伝えたとする……。

こうした、その場にいなければ決して得られなかった「素材」が「お礼」のメールに1つ入っているだけで、「読み手」の受け止め方はまるで変わるのです。

どうでしょう。こんなフレーズがメールの中にちょっと入っているだけで、通り一遍の当たり前のメールにはならなくなるのです。書き手にしか書けない、気持ちのこもった「お礼」のメールになる。

しかも、文章のテクニックで書いているのではありません。「事実」「数字」「エピソード（コメント・感想）」の「素材」

をそのまま書いただけです。それだけで文章はまるで変わるのです。しかも、手間をかけずに。

そのために重要になるのは、会食のときから「お礼」のメールを意識して、「事実」「数字」「エピソード（コメント・感想）」の「素材」を集めておくことです。そして、忘れてしまうので、必ず「メモ」を取る。

もちろん、食事中、あからさまにずっとメモを取っていては興ざめですから、「これはいい話を聞いたぞ」と思ったら、トイレに立ってササッとメモしておくのです。「お礼」のメールなら、2、3の「素材」があれば充分でしょう。

たったそれだけで、翌日書く「お礼」のメールはまったく違うものになります。そして、あっという間に書けてしまうのです。

「出張レポート」をすばやく書くために

出張後のレポートも、あらかじめ書かなければいけないことがわかっている文章です。となれば、「素材」集めは出張時点から始まっています。

それをやらずに会社に戻り、デスクに座って「書けない」となるのは、先にも触れた1日の終わりの日報と同じ。しっかり「素材」をメモしておけばいいのです。それはそのまま、レポートの文章になっていきます。

そしてレポートに必要な「素材」は、「真の目的」と「読み手」によって変わっていきます。逆にいえば、「真の目的」と「読み手」を意識すれば、必要な「素材」に頭が向かうようになるのです。

たとえば、工場視察のレポートを例にしましょう（次ページ図）。「真の目的」と「読み手」が変われば、必要な「素材」はこんなにも変わるのではないでしょうか。

もし、出張に出る前に「真の目的」と「読み手」を意識して、こうした「素材」について少しでも頭を巡らせておけば、出張先の工場では的確な「素材」をすばやく手に入れることができるようになります。

必要な「素材」について聞いたり見たり、確認し、「メモ」してくればいいのです。

真の目的／工場の現状について部の同僚たちにレポートする

読み手　／同僚

素材

・工場の概要（大きさ、生産高など）

・外観やエントランスなどの雰囲気

・強みと課題

・ラインで働いている人たちのコメント

真の目的／工場の改善点について上司にレポートする

読み手　／上司

素材

・生産高やコストなど数字面の状況

・現場における課題

・課題の改善、現場の意見

・ライン長や管理者のコメント

真の目的／工場の建て替えについて役員にレポートする

読み手　／役員

素材

・工場をクローズした場合の影響

・建て替えに際して必要な手続き

・これから改善すべき点

・工場長のコメント

実はこれ、書くことを仕事にしている私がまさにやっていることでもあります。

「素材」は現場にありますから、必ず現場で手に入れなければなりません。あとでデスクでこうなったところで現場の「素材」は出てこないのです。

だから、事前のイメージが大きな意味を持ってきます。会食の「お礼」もそうですが、文章を書くことがわかっているのであれば、早めに準備をしておくことが「素材」集めにおいては大きな意味を持ちます。

それができれば、あとになって頭を悩まさずに済むようになるのです。

「研修の感想・報告」も「素材」のメモから

もう1つ、例を挙げておきましょう。

研修や講演、セミナーを受けたあと、会社や上司に感想文や報告書を提出しなければいけないケースがあります。

こういうとき、「何を書いていいかわからない」「書くことがない」「書けない」といった事態に陥ってしまう人が少なくありません。

どうしてこんなことになってしまうのか。答えはとてもシンプルです。研修や講演の最中に、しっかり文章の「素材」となる「メモ」を取っていなかったからです。

感想文・報告書というと、感想だけを書くものだと考えてしまう人がいます。

かつて書くのが苦手だった私がまさにそうでした。子どもの頃、とても嫌いだったのが、読書感想文でした。

本を読んだ感想を、原稿用紙2枚にわたって書く、とてもではないですが、感想はそんなにないし、書けません。どうやってマス目を埋めるか。ということで結局、大ざっぱなあらすじをただ書き記していくだけ、という苦痛な時間を過ごしていました。

実は読書感想文も、「読み手」のことを頭に描くと何を書けばいいのかが見えてきます。感想文を読むのは、先生です。しかし、先生がその本の内容についてくわしく知っているとは限らないのです。

なのに、感想だけをつらつらと書き連ねても、読んでいる先生には、なんのことだか、さっぱりわからない、ということになりかねません。

読書感想文では、本がどんな内容だったかを書くことも必要になるのです。

こんな内容が書かれていて、それに対してこんな感想を持った、という合わせ技。

これこそが感想文なのです。

内容と感想をセットでメモしておく

研修や講演、セミナーの感想文・報告書もこれと同じです。

どんな研修を受けたのか、どんな講演だったのか、その内容がわからなければ、感想を読む会社の人事なり、上司なりにはなんのことだかわからないわけです。

こんな内容を学び、それに対してこう感じた、と内容と感想をセットで書く。内容に感想をかぶせていくのです。これが、感想文・報告書です。

だから、研修や講演、セミナーの間に必ずやっておかなければいけないことがあります。「これは感想文・報告書に書けるぞ」と思う内容があったら、それをしっかりメモしておくことです。

それはそのまま文章の「素材」になります。そして感想文・報告書ですから、その「素材」について感じたことも一緒にメモしておく。こんな「自分の感情」もメモしておくのです。

・何を感じたか？
・何を学んだか？
・何に驚いたか？
・何をしたいと思ったか？

メモを取っていないと、あとから「素材」を思い出すことは難しい。

ましてや、そのときどう感じたか、など思い出せるものではありません。

だから、いざ書く段になって、「あれ、書くことがないぞ」ということになってしまうのです。

たとえば、講師が印象的なエピソードを語ったとする。これが「素材」になると思ったら、その内容をメモすると同時に、それについてどう感じたかもメモしておく。どんな話を聞いて、それについてどう思ったか、両方書いておくのです。


また、聞いたことだけが「素材」になるわけではありません。

見たことも「素材」になります。スライドに投影されたグラフ。講師を務める人の姿勢の美しさ。配られた資料の精度の高さ。

なるほど、これはすごいな、と感じた「見たこと」もしっかりチェックしてメモしておくことです。


そして、文章にするときには、メモを見ながら内容に感想をかぶせていく。

まず内容があって、それについての感想があるわけですから、書くのにそれほど戸惑うことはありません。ボリュームもすぐに稼げます。

書くことがない、なかなか書けない、ということはなくなるのです。

メモという「素材」がたっぷりあるからです。

それこそ、上司や同僚に、あとから同じことを報告できるようにしよう、くらいのつもりでメモを取っていくといいと思います。
あとで文章にする、報告する、と思えば、「何を伝えようか」と「素材」に自然に意識が向かうようになります。

Point 19

時間をかけて抽出したほうがいい「素材」もある

その場で「素材」を手に入れられない場合

会食や出張、研修などは、その場で「素材」を手に入れることができるわけですが、文章によっては、そうはいかないものもあります。

典型的なものとして、たとえば社内報に掲載されるエッセイ。その「素材」は、外にあるわけではなく、自分の頭の中にあるからです。

では、両者で何が違うのかというと、外にある「素材」はその場で見聞きしたものを「メモ」

すればいいわけですが、**頭の中にある「素材」は集めるのにそれなりの時間がかかる**、ということです。

頭の中からすぐに、どんどん「素材」が出てくるわけではないからです。

たとえば、「真の目的」が「社員が学生時代に夢中になっていたこと」だったとします。昔の話をスラスラとすぐに思い出せればいいですが、実はそう簡単ではなかったりします。しかも文章の量がそれなりにあったりすると、なおさらです。

社内報エッセイで困った、とよく聞くのは、締め切り間際まで何もしておらず、直前になってパソコンの前に座って書こうとしたがなかなか書けなかった、結局、深夜までかかって書くことになった、というものです。

それは当然で、直前になってさぁ書こう、としても「素材」は揃っていないのです。

これでは書くのに困ってしまいます。

では、どうすればいいのかというと、**「素材」を時間をかけて出していく**のです。

社内報のエッセイなら、「3日後に原稿をください」ということはまずないでしょう。たとえば、1週間の猶予があるとすれば、4～5日くらいは「素材」を集めることに集中するのです。

といっても、四六時中、ウンウンうなって「素材」をひねり出さなければいけないわけではありません。

先にも触れていますが、人間の脳は指令を出しておくと、勝手に考えてくれているのです。

ただ、それを取り出すのが、なかなか難しい。

その方法の1つが、先にも触れたように「脳を油断させること」です。何か他のことに気を取られていると、パッと浮かんできたりするのです。そのためには、ある程度の時間がかかる、と覚悟する必要があります。

「学生時代に夢中になっていたこと」も、すぐに思い浮かぶものもある一方で、なかなか思い出せない、いいエピソードもあるかもしれない。

そういうものは、時間をかけたほうが出てくるのです。

実際、駅まで歩いている途中や電車の中でぼんやり中吊り広告を見ているとき、あるいは会社のエレベーターのボタンを押す瞬間や、休憩でトイレに立ち寄ろうとしたときに、いきなり浮かんできたりするものです。

そういうとき、しっかりキャッチして「メモ」しておく。

そうやって、時間をかけて「素材」を集めておくのです。

「素材」を増やしていける「ひとりブレスト」

私の場合は、先にも書いたように、タイトルを入れたスマホのメーラーの下書きに、浮かんできた「素材」をどんどんメモしていきます。

丁寧に書いていなくても、ランダムでも構わない。そうやって書き込んでいった「素材」は、そのまま書くときに使うことができます。

また、いくつか素材が出てきたら、電車に乗っているときなどに、改めてメーラーの下書きを開いて眺めたりすることもあります。

いくつかの「素材」を眺めているうちに、それがトリガーやフックになって、別の「素材」が浮かんできたりするのです。私はこれを、**「ひとりブレスト」**と呼んでいます。

脳を油断させるときにアイデアは出てくる、と書きましたが、もう1つ、画期的な方法を教わったのは、ある著名なアーティストへの取材でした。

芸術家ですから、それこそアトリエで、ひとりウンウンうなってアイデアを出しているのかと思いきや、違うと言われたのです。

アイデアは、スタッフとコミュニケーションをすることで生み出している、と。

ああでもない、こうでもない、とテーマの話から雑談の話まで、いろいろな話をしているうちに、何かがトリガーになって脳の奥底に眠っているアイデアが出てくるというのです。

なるほど、それは一理あると思いました。アイデア会議と称するブレストを行なう会社もありますが、いろいろな言葉やヒントがあって、それが脳に刺激を与えて取り出せるアイデアもあるからです。

しかし、私はフリーランスですから、常にひとり。ブレストをする相手はいません。そこで思いついたのが、「ひとりブレスト」でした。

自分で出したアイデアなり、「素材」なりを見ながら、それをトリガーやフックにして、別のアイデアや「素材」を出していくのです。

実際、この本もそうですが、自分で書いている多くの本は、「ひとりブレスト」によって構成要素を考えています。

本はおおよそ50の項目で構成されていることが多いのですが（1項目2000文字で書けば、1冊10万字の本ができあがります）、項目は一度に浮かんできたりはしません。そこで、時間をかけて出していくのです。

そして、ある程度、項目がたまってくれれば、それを見返しているうちに、また別の項目が浮かんできたりします。まさに「ひとりブレスト」です。

そんなふうにして、文章の「素材」を広げていくのです。

おおよそ50の項目が出てくれれば、それを整理するのはデスクの上、パソコンの上です。どんな章立てにするか、考えていきます。

実は50の項目ができたあとも、2000文字の項目の中身をどうするか、つまり項目の中の「素材」は、再び「ひとりブレスト」で作っていきます。

私の場合、多くのケースで、頭の中にある文章の「素材」はデスクの上では生まれません。ほとんどが電車の中で作られることが多いです。

駅まで歩いているときや電車に乗っているときが、私の場合は、なぜかよく浮かぶのです。

「素材」を出し、集めることに時間をかける

社内報のエッセイを例に挙げましたが、すぐに書かなければいけないものでなければ、「素材」は時間をかけて出したほうがよりたくさん、いいものが浮かんできます。

「素材」が充実すれば、それだけ文章も充実します。

それこそ、「提案書」もその1つでしょう。

大事なプロジェクトについて提案するとなれば、ある程度の時間をかけるもの。

ところが、提案する期日の直前になって、ようやくパソコンに向かったとしても、それでは「書けない社内報のエッセイ」と同じになってしまいかねません。「素材」が揃っていないからです。

提案書で最も重要なことは、いかに説得力を持たせることができるか。

ならば、さまざまな根拠なり、データなり、ファクトなりが求められるはずです。

まさしく、これこそ「素材」。事実、数字、エピソード（コメント・感想）なのです。

こうした説得のための「素材」は時間をかけるほど、たくさん出せて、充実したものになることはご想像いただけると思います。

一度に「素材」を出そうとせず、最初から何日もかけるつもりで、脳を油断させながら、「ひとりブレスト」も活用して、少しずつ出していったほうがいいのです。

他にも、時間をかけて「素材」を出したほうがいいものがあります。

急ぎではない大切なメールも、その1つでしょう。

大事なお願いのメール、お詫びのメールなどは、じっくり時間をかけて向き合うことで、「あ、これも書いておこう」「こういう話も入れておくといいな」ということが浮かんできます。

書くのに時間をかけるのではなく、「素材」を考えるのに時間をかけていくのです。

プレゼンテーションのための資料もそうでしょう。企画書もそうです。寄稿を求められた原稿などもそう。

「素材」が頭の中にあるものは、時間をかけて「素材」を出していくことが、1つのポイントなのです。しかも、できるだけたくさん出す。

「素材」がしっかり揃っていれば、「書けない」ということはなくなります。「何を書くか」はすでに揃っているからです。

Point 20

しゃべるように伝えればいい

しゃべるも書くも、コミュニケーションは同じ

お礼メールしかり、出張レポートしかり、研修の感想文しかり、社内報のエッセイしかり、意識して「素材」を集めることの大切さは理解いただけたことと思います。

では、この「素材」をどのようにして文章にしていくのか。

まず、何よりやってはいけないことは、先にも記してきたように、子どもの頃に学んだ、起承転結などの「型」に縛られないことです。

あの頃に学んだ「起承転結」は、実は物語を書くための「型」なのです。

物語の文章と、ビジネスに求められる文章はまったく違うでしょう。

むしろ、結論が最後にくるなど、ビジネスとは相性が悪いと認識したほうがいい。

実際、たとえば、取引先との取引状況がどうなっているかを上司に口頭で「報告」することになったとき、起承転結でしゃべる人はいないと思います。

それでは上司はイライラしてしまうかもしれません。なかなか結論が出てこないからです。まず「うまくいっていますよ」なり「ちょっとまずい状況です」なりの結論があって、それからその裏づけを語っていくでしょう。

ビジネスの文章は、基本的にこれと同じです。

まずは「結論」を語って、裏づけで納得してもらったり、説得したりする。

先にも書いていますが、文章はコミュニケーションのツールでしかありません。大事なことは、伝えるべきことが、ちゃんと伝わること。

その意味では、しゃべって聞かせるか、もしくは書いたものを読んでもらうか、の違いでしかありません。

文章だから、と特別なことを考える必要はないのです。

しゃべって伝えるなら、さて、どう伝えるか

文章の中身である「素材」はすでに用意されていますから、あとはどうこれを文章にしていくか、となるわけですが、私の考えは極めてシンプルです。

もし、しゃべって伝えるなら、どう伝えるか、を考えてみればいい、と思っているのです。実際、私はいつもこれをやっています。「真の目的」を認識し、「読み手」を想定して、もししゃべるなら、どんな順番で「素材」を使っていくのかを考えるのです。

文章の構成や展開を考えるとき、ときどき「論理的に」とか「ロジカルに」といった言葉が使われることがありますが、私は難しいことは考えなくていいと思っています。

というのも、多くの人が、実は案外、自然に「論理的に」「ロジカルに」考えているからです。誰かを前にしてしゃべるときが、まさにそうです。

カフェで大学時代の同級生が目の前に座っているとして、いま、自分が所属する会社の業界

がどうなっているのか、話して聞かせるとしたら、内容の順番をうまく整理して、意外に「論理的に」「ロジカルに」話すのではないでしょうか。

しかも、相手が就職活動中の大学生に変わったら、これまた話す内容や順番を案外、うまく変えていくのではないでしょうか。

また、年配の父親に話すことになったとき、あるいはビジネスの世界にくわしくない母親に話すときになったとき、さらには親戚の中学生に話すことになったなら、相手に合わせてやっぱり話す内容や順番を変えていくはずなのです。

人は案外、「論理的に」「ロジカルに」に考え、話すことができるのです。難しく考えなくても、目の前に相手が現れたら、自然にそれをやっていると思うのです。

逆にいえば、だからこそ「読み手」を想定することは重要になります。

「読み手」を想定できればできるほどロジカルに話せる

仕事の話をするとして、目の前にいる人が、会社の同期か、高校時代の友人か、で話し方は変わってくるはずです。

同期は会社や仕事について、ある程度、理解していますから、そこをくわしく説明する必要はない。しかし、高校の同級生は基本の知識がありませんから、そうはいかない。

また年配者なのか、子どもなのか。子育て中の女性なのか。バリバリと仕事をしている独身男性なのか。同じ業界にいる人か、そうでない人か、それだけでも話の順番は変わってくるはずです。

「読み手」を具体的に想定できればできるほど、「論理的に」「ロジカルに」が実現していけることがおわかりいただけると思います。

だから「読み手」を徹底的に想像し、できれば具体的にイメージする。

そして、目の前のある「素材」について、カフェで話して聞かせるなら、どんな順番で伝えるのか、を考えてみればいいのです。

文章にしないといけない、などと肩肘を張る必要はありません。

何度も書きますが、しゃべって聞かせるのも、文章で読ませるのも、コミュニケーションのツールとしては同じ。

要は、伝えなければいけない内容が、伝わればいいのですから。

そして、「文章を書こう」と改まって構成を考えるより、しゃべって伝えることを考えるほうがよほど、ラクチンなのです。

そして、しゃべることを考えて「素材」を眺めてみると、そんなに難しいことではないことにも気づけます。

Point 21

「矢印メモ」で「素材」を「見える化」する

「こうでこうでこう」の「矢印メモ」を作る

「なんだ、しゃべるように書けばいいのか」

そんな気づきを得たのは、コピーライターの仕事を始めてから、しばらく経った頃でした。そこから書くスピードは一気に速まることになるのですが、当時よくやっていたことがあります。実はいまでもこれをよくやるのですが、「矢印メモ」を作るのです。

しゃべるときに「論理的に」「ロジカルに」話そうとすれば、人はよくこんなふうに考えたりするのではないでしょうか。

「こうでこうでこう」

そんなふうにして展開を考えて、納得できるような話にしていく。

これを、メモに落としたのが「矢印メモ」です。文章の「素材」を、書く順番の「こうでこうでこう」に分けていき、矢印を使ってイメージしていくのです。

そして、「こうでこうでこう」と頭の中でイメージするよりも、実際に文字に落とし込んだほうが、圧倒的に速く書けることに気づいたのでした。

難しいことではありません。まずは書く内容、つまり文章の「素材」を集めてきたら、どんな流れで話をするのがいいのか、「真の目的」と「読み手」をイメージして大きなストーリーにしていきます。これこそが文章の「構成」です。

そして、その内容をどんな流れで伝えていくのかを「こうでこうでこう」で考えてみるのです。それをそのまま、文字にしてみる。

たとえば、この本の紹介文を作ってみるとしたら、こんな「矢印メモ」がありえます。

ビジネス文書をスラスラ書けずに苦しんでいる人が多い
←でも、それはビジネス文書を学んだことがないから
←加えて、小学校の作文が呪縛になっている
←実は私はもともと書けなかったが、書けるようになった
←大事なことは「書き方」にあるわけではなく「素材」にある
←誰でもスラスラ書ける方法を伝えたい

こんなふうにして、まずは「素材」を眺めながら大枠の構成、しゃべって伝えるならどうするかの「こうでこうでこう」を作ってみるのです。そして、それぞれの項目に、集めておいた

「素材」を組み込み、肉づけをしていくのです。

逆に、大枠の「構成」ができていないのに文章を書き始めようとすると、困ったことになります。「素材」が整理できないままでは、どこに何を書いていいか、わからなくなってしまうからです。

文章のボリュームは、「素材」の量

大枠の「構成」は、難しく考える必要はありません。

繰り返しますが、もし、しゃべって伝えるなら、を考えてみるといいのです。誰でもこうした大枠のストーリーは、描くことができるはずです。そして、この大枠の構成に「素材」を組み入れていけばいいのです。

だからたとえば、こんな「矢印メモ」をまずは作ってみることです。

出張レポート

仙台の取引先との取引が減っている
←
話を聞きに行くと競合が安値で取引を拡大させていた
←
改めて当社との取引の利点を伝えた
←
価格面でも交渉の必要があるかもしれない
←
訪問自体は評価してもらえたので、次につなげたい

提案書

リモートワークをする人が増えてきた
↓
自宅もオフィスと同じ環境にしたい
↓
デスク、ネット環境の整備はすぐに思いつく
↓
仕事で使う道具は盲点かもしれない
↓
ネットワーク専用の文具があれば？

大事なことは、面倒でもこの大枠の構成を先に作っておくことです。こうした、ほんのちょっとしたひと手間が、大きな意味を持ちます。

そして、大枠の構成に「素材」を組み込んでいくわけですが、肉づけしていく「素材」が多くなればなるほど、文章は長いものになります。

大枠の「こうでこうでこう」さえできてしまえば、あとは「素材」をどれだけ盛り込むかで、文章を長くしたり短くしたりできるのです。

「箇条書き」の積極活用でスラスラ書けるようになる

ビジネスの文章では積極的に「箇条書き」を活用したらいいと私は考えています。

文章だから、と何もまとまった文章でなければならないわけではありません。

最も大事なことは、伝えたいことが伝わること。そして、できるだけ「読み手」にわかりやすく簡単に、伝わることです。

文章にしないといけないから、と「また」や「さらに」を多用してダラダラと長い文章になってしまったりするのは、本末転倒。

「目的」は文章を書くことではありません。相手に伝えることなのです。

【例1】
A社より、納期を11月末に前倒しできないかと問い合わせがありました。また前倒しするとしたら、人員に補充は何名必要か知りたいそうです。さらにその場合、追加のコストはどのくらいかかるかとも聞かれました。技術部の見解をお知らせください。

【例2】
本日の商談でA社より以下3点のお問い合わせがありましたので、技術部の見解をお知らせください。
・納期を11月に前倒しできないか
・前倒しをするとしたら人員の補充は何名必要か
・その場合、追加のコストはどれくらいかかるか

特にメールでは、端的に素早く伝えたいもの。箇条書きをうまく活用することは、とても有効だと思います。

上記2つは「顧客からの要望を関連部署に伝える」ための同じメール内容ですが、果たしてどちらが「読み手」は理解しやすいでしょうか。

【例2】のように、1つの文ではなく、並列の箇条書きにすることで、相手はパッと見ただけで「自分が回答すべきことは3点」とわかるので、抜け・漏れも防ぐことができます。

逆に、いくつもの項目を接続詞でつなげてしまうと、何が本当に必要なのかがわかりにくくなります【例1】。

お礼のメールや謝罪のメールでは、箇条書きは事務的でふさわしいものとは思えませんが、報告や連絡、相談では積極的に使っていいと思います。

また、同様にレポートや報告書、感想文などにも箇条書きは活用できます。

箇条書きにしなくても「1」「2」「3」などと数字を振って「素材」を文章にしたり、「この問題には3つの背景があります」と先に書いて、「まず1つ目は」「次に2つ目は」「そして3つ目は」などと文章展開していく方法もあります。

「素材」を集めたとき、「これとこれとこれは箇条書きにして使ったほうがいいな」と思えるものが出てきたときには、こうした箇条書き的な考え方を活用するのは、ビジネス文章では、極めて有効です。

Point 22

書くのも「しゃべるつもり」でいい

「読み手」を意識した書き出しにする

「素材」がしっかり集まっていて、「こうでこうでこう」という大きな枠組みの「構成」ができていれば、もう文章は怖いものではありません。「構成」に「素材」を肉づけし、書き進めていけばいいからです。

多くの人から、書き出しに迷う、という話を聞くことがありますが、長く文章を書く仕事をしていて、1つヒントがあると思っています。

それは、「何のための文章なのか」「誰に最も読ませたいか」を強く意識して書き出しを書く、ということです。

何度も書いているように、文章で大切なのは「目的」と「読み手」。そこに改めて立ち帰るのです。逆にいえば、そう考えることで、書き出しはとても書きやすくなります。

たとえば、新しいプロジェクトを上司に提案するのであれば、

「このプロジェクトが会社の課題を一気に解決する」
「停滞している社内の雰囲気が一気に活性化する」
「会社のマネジメントが日常的に困っていることが解決される」

など、この提案が実現したときの魅力を真っ先に書いたらいいでしょう。

同僚に出す、取引先の新しい工場を視察したレポートなら、

「タクシーの運転手が街の話題になっていると語っていた」
「グリーンの外観は、周囲からひときわ目立っていた」
「工場長自らがエントランスで出迎えてくれた」
「生産力はなんと3倍になった」

など、事実を中心とした「素材」がいいかもしれません。

人事に提出する研修のレポートなら、

「仕事に向き合う気持ち1つで、成果に大きく影響を与えることを知った」
「リーダーの違いで、いかに組織が変わるか痛感した」
「成功者と言われる人も、苦労していたことを知って驚いた」
「明日から自分に何ができるか、さっそく考えをめぐらせた」

など、感想を書き記していくのがいいでしょう。可能なら、印象的で最も伝えたい「素材」＝「事実・数字・エピソード（コメント・感想）」を持っていけると、よりよいと思います。

しゃべるつもりで、書けばいい

書き出すことができれば、あとは大枠に沿って「素材」を肉づけしていきます。

「素材」さえあれば、書くことに困ることはありません。

そして、どう書き進めていけばいいかを考えるとき、私がよく伝えているのが、これです。

「しゃべるつもりで、書けばいい」


何度も繰り返し書いていますが、文章もしゃべるのも、コミュニケーションのツールに過ぎないのです。たまたま、しゃべることができないので、文章にしているだけに過ぎません。

だったら、しゃべるつもりで書けばいいのです。


もちろん、しゃべり言葉でそのまま書いていいわけではありません。

いくら「しゃべるつもりで書いていい」といっても、しゃべり言葉をそのまま書く人はいないでしょう。


ここでもポイントは、文章だからと身構えない、ということです。立派な文章にしないといけないのでは、とか、美しく書かないといけないのでは、などと考えない。

しゃべるコミュニケーションならスラスラできている人が、どういうわけだか文章になると、それができなくなることがあります。これこそ文章の呪縛であり、文章というだけで身構えてしまっていることが要因だと思うのです。

そして「しゃべるように書けばいい」もまた、もともと書くのが苦手で嫌いだった私が、文章に対して大きな気づきをもらった瞬間でもありました。率直に、こう思ったのです。

「なんだ、これでよかったのか」

実際、私はいまもしゃべるつもりで書いていますし、ときどき声を出しながら文章を書いていることもあります。

「目的」に沿った「素材」がしっかりあれば、あとは「読み手」に伝えるだけ。恐怖がらずに文章にしていけばいいのです。文法やら何やらルールが気になる、という人もいるかもしれませんが、これにはとっておきの方法がありますので、後ほどお伝えしましょう。

Change your mind!

発想転換 6

誰も言わない「書き方」のポイント5つ

Point 23

一文を短くすること。目安は60文字

ポイントは一文を短くすること

文章を書く仕事を30年近くやってきた私ですが、実は文章の書き方の本や文法についての本を読んだことはありません。これは本当の話です。

先にも書いたように、たとえば、これが○でこれが×、といった事例がたくさん載っているような本を読んで、本当に書けるようになれるとはまったく思えなかったからです。

それこそ、書くたびに答えを探しに本に戻らなければいけないのではないか、とまで思ってしまいました。そんなことは、とてもやっていられません。

ビジネスの文章は、伝えるべきことを伝えるためにあります。

国語の文法の評価のために行なわれるのではないのです。

それよりも、私なりにこのほうが余程、大事だと思ったことがあります。

意外に思われるものもあると思いますが、5点、紹介していきたいと思います。

1つ目は、「一文を短くする」ということです。ビジネスの文章で最もやってはいけないものの1つが、「ダラダラ文章」。文章がダラダラと長く続いて、切れ目がなかなかない。これは、とにかく読みにくいのです。

これもまた、国語の授業の呪縛でもあると思っています。文豪作家や評論家の文章は、一文が長いものも少なくなかった。それが、試験の問題に出てきたりしたわけですが。

しかし、これは国語の話。ビジネス文章では、まったく違うのです。

一文の目安は60文字。接続詞に注意する

ダラダラ文章にならないために、心掛けておきたいのは、「一文は短く」という意識です。その目安は、おおよそ60文字程度だと私は考えています。書いていて60文字を過ぎると、「ん？これはちょっと長いぞ」と意識する。

私はいつも文章を書くときには、ワードのフォーマットを使っていますが、私の場合はこれが1行40文字で設定されています。文章を書いていて、1行半を過ぎると、「ちょっと長いぞ」

Ⓐ

昨日、メールを頂戴したプロジェクトに新しいチームを参加させる件、ネガティブな意見も多いということで部内で改めて検討させていただいておりますが、一部のチームからは賛成の意見も出てきており、慎重な対応をしなければいけないことは間違いないようで、担当役員からも注意をするように連絡をもらっています。

と気づくことになるわけです。

本書もほとんどが、一文は長くても60文字程度で構成されていると思います。短いほうが読みやすいから。理解もしやすいから。サクサク読めるから。

「読み手」に伝えるための文章ですから、「読み手」が最も読みやすいものがベストです。

実のところ、ダラダラ文章になってしまうのは、本来は切ることができる箇所を、つなげてしまうからです。だから、それをやめる。そして、ここでうまく活用したいのが、接続詞です。

例を挙げてみましょう。上の例文Ⓐです。

典型的なダラダラ文ですが、例文Ⓑのように接続詞を使えば、一文をもっと短くすることができます。

Ⓑ

昨日、メールを頂戴したプロジェクトに新しいチームを参加させる件、ネガティブな意見も多いということで部内で改めて検討させていただいております。
しかし、一部のチームからは賛成の意見も出てきており、慎重な対応をしなければいけないことは間違いないようです。担当役員からも注意をするように連絡をもらっています。

一文を短くしようという意識を持っていると、接続詞に頭が向かうようになります。

接続詞の中でも、積極的に使いたいのは「しかし」「だが」などの逆接の接続詞、および「そして」の順接の接続詞です。

一方で、「また」「さらに」などはできるだけ使わない。ダラダラ文章を引き起こす可能性が高いからです。「また」や「さらに」をたくさん使いそうになったら、箇条書きや「第一に」「第二に」といった書き方にしていったほうがいいでしょう。

いずれにしても、**60文字を意識する、というのが1つのヒント**。心掛けてみてください。

Point 24

最初から完成原稿を書こうとしない

いきなり完璧なものを作ろうとしない

大事なこと、**2つ目は「最初から完成原稿にしないこと」**です。

文章がスラスラ書けない、なかなか書き進められないという声が聞こえてきたとき、私がよく問いかけるのが、この質問です。

「最初から完成原稿を作ろうとしていませんか」

いきなり完璧なものを作ろうとするとどうなるのかというと、書くのが止まってしまうのです。ああでもない、こうでもない、と細かなところが気になって、直し始めたりすると、前になかなか進まない。

結果的に、書くのに時間がかかってしまうのです。

先にも書いたように、まずやるべきは「素材」を集めることであり、「こうでこうでこう」の大きな枠組みの「構成」を作ること。そこに「素材」を肉づけしていく。

もうすでに、大きな流れがあるわけです。ならば、それこそ「しゃべるつもり」で一気に勢いよく書いてしまう。もとより起承転結のような型は関係ありません。「しゃべる」つもりなら、ざっと書くことができるはずなのです。

ところが、細かいところを気にしたり、ちょっと待てよ、などとなっていると、この勢いや流れが削がれてしまいます。

まずは粗々で一気に書き上げる

とんでもない天才作家は別として、文章を書き上げたら誰もが進むステップがあります。それが「推敲」です。

いずれにしても、あとで必ず見返すことになるのです。そこで、細かなところは調整ができる。

それがわかっているのであれば、まずやるべきは一気に勢いで書き進めてしまうことです。

これを私は「粗々《あらあら》で書く」と表現しています。

「どうせあとから見る、まずは粗々で書こう」と意識しているとどうなるのかというと、書くスピードが上がるのです。

しかも、一通り全体を確認することができるので、些末なところに目が向かわなくなる。言ってみれば、「木を見て森を見ず」にもならずに済みます。

実際、私はどんな原稿も、まずは粗々でざっと書いてしまいます。必要なボリュームも意識はしますが、多少オーバーしても構わない。あとで削ればいいからです。

求められるボリュームぴったりに、なんて最初からできるはずがない、と思ったほうがいいと思います。

そういえば、広告を作っていた時代、「新聞記者は必要な文字数ぴったりで原稿を書く」という話を聞いたことがありました。だから、最初から必要な文字数ぴったりで書けるようになれ、と言われたのですが、そんなことはできるはずがないと思うようになっていきました。

新聞記者が必要な文字数ぴったりで原稿が書けるのは、書かなければいけない情報が、ある程度、定められているからです。だから、文字数を想定して「素材」を集めてくることができる。

しかし、私たちが書くのは新聞記事ではありません。定型的な文章ではない。そんなにぴったりで書けるはずがないのです。

書けなくて当たり前。だから粗々で書いて、最終的に調整していけばいいのです。

Point 25

長い文章は分割して考える

3000文字は500文字の6ブロック

大事なこと、**3つ目は「長い文章だからといって、ひるむ必要はない」**ということです。

当初は200文字に1日かかっていたと書きましたが、やがて文章ボリュームは少しずつ増えていくことになりました。そして、3000文字、5000文字といった長文にも、ひるまなくなりました。

その理由はまず、先にも触れていますが文章ボリュームは「素材」の量である、ということに気づいたことです。

逆にいえば、「素材」が足りなければ、長い文章を書くことはできません。

長い文章にひるんでしまったり、長い文章が書けないのは、「素材」が足りないからです。

書く前に、しっかり「素材」に向き合う必要があります。「素材」をたくさん揃えてから書けばいいのです。

そしてもう1つ、これはだんだん気づいていったことでしたが、**長い文章も、短い文章から構成されている、**ということです。

たとえば、3000文字の文章は、実は500文字の文章が6ブロックあって構成されていたりする。こういうことに気づいていったのです。

3000文字書く、といきなり聞くとひるんでしまいますが、500文字の文章を6ブロック書く、ということであれば、どうでしょうか。印象はまるで変わると思います。500文字の文章であれば、それほどひるむことはありません。

そしてここで大事になるのが、「こうでこうでこう」の「大きな構成」なのです。たとえば、「大きな構成」を6ブロックで考えてみる。そうすれば、500文字ずつで合計3000文字が書ける、ということになります。

あとは、6ブロックの文章の中身となる「素材」をピックアップしていくだけです。それを文章にしていけばいいのです。

長文に使う「基本の枠組み」がある

2000文字を超える文章になると、「素材」はたくさんの数になります。「こうでこうでこう」と「素材」を並べ替えていくのは、なかなか難しい作業になるのも事実です。

だから長文の場合には、「大きな構成」が重要になります。「素材」を眺めた上で、先にざっと「大きな構成」を作ってしまう。

ここでよく使う基本の枠組みがあります。それが、次の流れです。

「読み手への共感」から入る
↓
「実は違うのでは」と読み手に「異論」を唱える
↓
その「異論の裏づけ」を書く
↓
加えて、「新たな発見」で驚かせる

←「総論」を伝える

最初に読者への共感から入り、次に「実は違うのではないか」と異論を唱え、その異論の理由を書いて、新たな発見に展開し、最終的な結論に持っていきます。

実は、先の165ページで紹介した、この本の紹介文も、この流れで考えています。

共　感　←　**ビジネス文書をスラスラ書けずに苦しんでいる人が多い**

異　論　←　**でも、それはビジネス文書を学んだことがないから**

裏づけ　←　**小学校の作文が呪縛になっている**

発見1　実は私はもともと書けなかったが、書けるようになった
↓
発見2　大事なことは「書き方」にあるわけではなく「素材」にある
↓
総　論　誰でもスラスラ書ける方法を伝えたい

そしてこの大きな枠組みができれば、あとは細かな「素材」を割り振っていくのです。

ビジネス文書をスラスラ書けずに苦しんでいる人が多い
・よく困っていると聞く
・質問をもらう
・アンケート結果もある
↓

でも、それはビジネス文書を学んだことがないから
・実はビジネス文章の書き方は教わっていない
・だから、頭を悩ますのは当然
・書ける人は、もともと文才のある人
↓
小学校の作文が呪縛になっている
・最後に教わった作文はどんなものだったか
・実はビジネスとの親和性はない
・小学校の作文がビジネスパーソンを混乱させている
↓
実は私はもともと書けなかったが、書けるようになった
・もともと苦手で嫌いだった
・ところが文章を書く仕事で食べている
・だから書けるようになった理由がわかった
↓
大事なことは「書き方」にあるわけではなく「素材」にある
・文章とは何か、が理解されていなかった

・文章はあくまでツール
・大事なことは、「どう書くか」ではなく「何を書くか」
↓
誰でもスラスラ書ける方法を伝えたい
・小学校の呪縛から逃れる
・文章は「素材」でできていると知る
・しゃべるように書けばいい

長い文章の場合は、事前に構成をしっかり練っておくことが大切になります。それが、書くスピードを速めてくれます。逆にそれをしっかりやっておかないと、途中で迷子になってしまいかねない。

面倒でも、見える化して大きな枠組みを作り、「素材」を割り振ったメモを用意していくことをおすすめします。

10万字の本も50の「構成」で分ける

事前にしっかり大きな枠組みを作ることを心掛けておけば、長い文章も恐れることはなくなります。

書けなかった20代は、それこそ５００文字くらいの文章も、「こうでこうでこう」という「構成」を作り、「矢印メモ」にして書いていましたが、これをそのあとも継続していったのでした。

そうすると、１０００文字になっても、２０００文字になっても、困ることはありませんでした。だからいまも、まずは大きな「構成」を作ってから書き始めます。３０００文字、５０００文字の原稿になれば、しっかり「矢印メモ」にしています。

６ブロックなり、10ブロックなりで考え、それぞれを５００文字くらいで書き進められるようなボリュームに分割して書いていくのです。

逆に、大きな「構成」を作らなかったら、長い文章を書くのはとても難しいと思います。「素材」があったとしても、何をどこに入れるか、整理ができていない、ということを意味するからです。

実はこれは本も同様です。「本1冊、10万字なんて、よく書けますね」と問われることがありますが、いきなり10万字を書き始めるわけではありません。

10万字と聞くと大変に思えますが、先にも触れているように2000文字の原稿が50ある、と考えてみたらどうでしょうか。これで10万字です。


私は毎月のように本を書いていますが、まずやるべきは、「素材」をもとに、2000文字ずつの50の「大きな枠組み」を決めることです。

その「大きな枠組み」通りに、「素材」を割り振って原稿にしていけばいい。

50の原稿でそれぞれ何を書けばいいのかがわかっていれば、あとは粛々と書き進めるのみです。もちろん、10万字は1日で書ける量ではありませんが、考え方は5000文字も1万文字も同じ。

ちなみに、私は本1冊を5日ほどで書き上げてしまうことがほとんどです。ただし、粗々で、ですが。

Point 26

文章の「見た目」に気をつける

行替えを適度に行なって、すっきりと

大事なこと、**4つ目は意外に忘れられがちな、文章の「見た目」について**です。

何度も書きますが、ビジネスの文章は「読み手」のためにあります。「読み手」にとって、読みやすいか、わかりやすいか、理解しやすいか、がすべてなのです。

となれば、**できるだけ読みやすく、わかりやすく、理解しやすいものにしたほうがいい。**これは文章そのものもそうなのですが、「見た目」もそうです。典型例はメールですが、ぎっしりと詰まった文章で行替えもせずに書かれた文章は、果たして「読み手」にやさしいでしょうか。

例を挙げてみましょう。

次ページの2つはまったく同じ文章ですが、「見た目」を変えただけで印象がまるで変わる

××様
お世話になります。××の納品の件です。工場に確認をしたところ、やはりゴールデンウイーク明けになってしまうとのことです。４月中の納品に間に合わせるためには、急ぎでお返事をいただかないと難しい状況です。ご確認をいただけると幸いです。

××様
お世話になります。

××の納品の件です。

工場に確認をしたところ、やはりゴールデンウイーク明けになってしまうとのことです。

４月中の納品に間に合わせるためには、急ぎでお返事をいただかないと難しい状況です。ご確認をいただけると幸いです。

ことがおわかりいただけると思います。

さて、どちらが「読み手」にわかりやすく、やさしいでしょうか。

行替えを適度に行なう。隙間を空けてすっきりさせる。ポイントをわかりやすくする。必要なら順番に読めるよう数字を振る。

これはメールに限らず、レポートや感想文なども同じ。

エッセイのようなフォーマットが決まっているものでも、できるだけ行替えをして、すっきり読めるようにしたほうが「読み手」には親切です。

文章は「見た目」も極めて重要なのです。

Point 27

印象を最悪にする「凡ミス」に注意

名前のミス、社名のミスは起こりうるもの

大事なこと、**5つ目は実はどんなにうまい文章が書かれていたとしても、最悪の印象を持たれかねないという注意点、「凡ミス」です。**

典型的なのが、**名前間違え、社名間違え**です。自分の名前や社名を間違えられて、気持ちのいい人はいません。「いや、そのくらいは注意しているよ」という人も、やってしまうことがある。

それは、「名前や社名を間違えてしまう可能性がある」という認識をしっかり持っていないからです。しかし、実際に起こり得るのです。

たとえば、私は「上阪」という名字ですが、「上坂」と間違えられることがあります。よく間違えられるので、「ああ、まぁしょうがないか」くらいに思っていますが、名前を間違えられると大いに気にする人もいると思います。「名前もちゃんとチェックできない人なのか」というレッテルを貼られてしまってもしょうがない。これが案外、落とし穴なのです。

いまは、ひらがなをパソコンやスマホに入力すれば漢字が出てくる時代。だからこそ、注意しなければならないのです。なのに、案外ちゃんと名刺を見て確認しない人が多い。

実際、微妙に違う名前は多いものです。斉藤さんなのか、斎藤さんなのか。渡辺さんなのか、渡邉さんなのか。伊藤さんか、伊東さんか。山崎さんか、山﨑さんか。

私は自分が間違えられやすいので注意をしているところもあります。そういう経験がない人は、充分に気をつけないといけません。

社名も同様です。これは、私が採用広告を作っていた時代に徹底的に厳しく教えられたことでした。広告のクライアントに、社名間違いの原稿を提出するなど、あってはならないわけです。

そしてやっかいだったのは、広告のスペースに取引先を掲載することも少なくなかったことです。ここでも間違いは厳禁でしたが、「なるほど、こんな危険があったのか」ということを知ったのでした。

たとえば、キヤノンはキャノンではありません。キユーピーはキューピーではない。他にも、富士フイルム、イトーヨーカ堂、ブリヂストン、ビックカメラなど、間違えやすい社名はたくさんありました。しっかり名刺などで確認しておく必要があります。

誤字や変換ミスに注意

これも、パソコンで文字を変換するようになって、頻発するようになっています。知らず知らずのうちに、誤字をやってしまう。「制服」と打ったつもりが「征服」と出てしまって、そのままメールを送ってしまった……。

誤字が1つあるだけで、メールを送った側の印象は台無しです。しかも、デリケートなメールであればあるほど、致命傷になりかねない。注意深さが足りない人、というレッテルを貼られても仕方がありません。

誤字や変換ミスの怖さは、読むほうより文章を作ったほうが、意外にミスを見つけることが難しい、ということです。だから、変換時には注意をしないといけない。

また、ミスを起こしそうなところに気をつけながら、しっかりと推敲しないといけません。

ひどい文章で人を傷つけてしまう人がいます。文章はときに、凶器にもなり得ます。

そしてそれは、ビジネスの場合にも同じ。しかも、こちらが意図していないのに、凶器になってしまうことがある。

充分に気をつける必要があるのです。

Change your mind!

発想転換 7

とっておきの心得「形容詞を使わない」

Point 28

形容を見つけようとして時間がかかる

形容詞が文章をダメにしていた

20代の前半まで文章を書くことが苦手で嫌いだった私が、自分でもびっくりするくらいにスラスラと書けるようになった大きな理由として「素材」の存在を挙げました。

この「素材」に目を向けさせてくれた気づきが、実はもう1つありました。それが、**形容詞の危うさ**、でした。

なぜ、書く仕事を始めたばかりの私がスラスラと書き進められなかったのか。

それは、「素材」そっちのけで、一生懸命に言葉を探していたからです。その象徴的なものが形容詞だったのです。

物事や出来事を、表現するために使うのが形容詞。うまく形容できる言葉はないかと、懸命になって探していたのです。

実際、駆け出しの採用広告のコピーライターが、真っ先にやってしまうキャッチコピーがあります。

「当社は、いい会社です」

たしかに、いい会社なのかもしれませんが、これでは何も伝わりません。

読む人は、職を探している人たちですが、このキャッチフレーズで転職しようという人はまずいないでしょう。

まったく具体性がないし、説得力もないし、どの会社にも言えてしまう。

ところが、新米コピーライターは、言葉こそが意味を持つと思い込んで「いい会社」に変わる表現＝形容詞を一生懸命になって探そうとしてしまうのです。

たとえば、

「当社は、素晴らしい会社です」

「当社は、すごい会社です」

「当社は、立派な会社です」

しかし、これでもまったく伝わらない。形容する言葉が変わったに過ぎません。

実は形容詞の危うさとは、形容することで、むしろ意外にも伝わらなくなってしまうことにあるのです。

形容詞では、なかなか真意が伝わらない。このことに気づいておく必要があります。

Point 29

形容詞を使わないと「素材」に目が行く

具体的な「事実」「数字」「エピソード」を探す

形容詞では、「いい会社」であることが、なかなか伝わらないわけですが、では、どうすればいいのか。

書き手が形容する言葉ではなく、具体的な「事実」「数字」「エピソード（コメント・感想）」に目を向けるのです。

たとえば、「いい会社」のように、きれいな形容詞でまとめようとせず、こんな内容を置いてみたら、どうでしょう。

「社長が毎月、社員を順番に食事に連れていってくれる」
「この5年、退職者はひとりもいない」
「入社3カ月で課長に抜擢された社員がいる」
「10年間、売り上げも利益もずっと右肩上がり」
「この会社に転職して本当によかった、と転職者の誰もが言っている」

どうでしょう。このほうが、よほど会社の魅力を伝えられるのではないでしょうか。
そしてこれらの「事実」「数字」「エピソード（コメント・感想）」こそ、実は「素材」そのものなのです。

ひねった形容詞を考えようとするよりも、「素材」をそのまま置いたほうが、よほど伝わる文章になる、ということです。

形容するより、「素材」をそのまま使ったほうがいい

採用広告の話に限りません。

「ものすごく寒い」

と書かれても、どのくらい寒いのか、実は読む側にはピンときません。では、こう書かれていたらどうでしょうか。

「温度計はマイナス3度を示していた」
「窓の外のツララは20センチにも達していた」
「一瞬で手がかじかむので手袋なしではいられない」

どうでしょう。「ものすごく寒い」と書くよりも、「事実」「数字」「エピソード（コメント・感想）」の「素材」をそのまま置いたほうが、よほど寒さが伝わるでしょう。

形容詞を使うよりも、「事実」「数字」「エピソード（コメント・感想）」を書いたほうがいいのです。それだけで、読み手は「ああ、すごく寒いんだな」とわかるのです。「ものすごく寒い」と書くよりも、よほどはっきりと。

ビジネスでよく出てきそうな形容詞を考えてみましょう。それを、どう「素材」で表現できるか。

・工場が大きい
「面積は10万平米」
「東京ドーム10個分」
「完成する商品は1日10万個」

・デザインが美しい
「色とりどりの丸テーブルがずらりと配置されている」
「天井からは和をイメージした50センチほどの大きさの木製の照明器具が下がっている」

「デザインを担当したのは日本建築界の巨匠・隈研吾氏」

・オフィスが立派

「窓ガラスはすべて曲面になっており、向こうには東京タワーが見える」

「すべて白のテーブル、白の椅子、白の床に統一されている」

「エレベーターを降りて踏み込んだカーペットは3センチは沈んだ」

文章にしなければならない、となったとき、こうした「素材」にしっかり目を向けて、メモしておくことです。

難しいことではありません。たとえば驚いたなら、間違いなく驚いた理由があるはずなのです。それをしっかり見て、メモする。この「素材」が文章を作るのです。

「いい」「すごい」という形容詞の恐ろしさ

とりわけ「いい」「すごい」をいった言葉には気をつける必要があります。しゃべるように書けば、と先に書いていますが、こうした形容詞は要注意の言葉です。なぜなら、日常的にあまりに簡単に使ってしまう言葉だから。

そして、しゃべるときには、実は表情だったり、身振り手振りだったり、いろいろな要素が加わってコミュニケーションをします。

したがって、こうした形容する言葉も、相手は総合的に受け止めることができる。

しかし、文章は文字だけなのです。**「いい」「すごい」では、実はなんのことだかよくわからないのです。**

「いい会社」「いい人」「いい取引先」「いい仕事」……。あるいは、「すごい会社」「すごく大きい」「すごく忙しい」「すごく難しい」……。

こうした言葉は、まず相手にはその「いい」や「すごい」が伝わらないと思ったほうがいい。

これもまた、「事実」「数字」「エピソード（コメント・感想）」という「素材」で表現すべきなのです。

たとえば、こんな「素材」。

・従業員満足度が97％にも達している
・１００人全員が「彼はいい人だ」と言った
・もう20年も優良取引先として連続表彰されている
・他の仕事の２倍の給料がもらえる
・従業員が30万人を超えている
・有名な経済評論家が「これからの成長株だ」と語っていた
・コンサルティング会社の注目の会社で1位になった
・もう20日も休みが取れていない
・成功確率は10％もない、と研究員に言われた

いい、すごい、と「素材」と比較して、どうでしょう。どちらが読み手に伝わるでしょうか。

形容詞を使うのではなく、「事実」「数字」「エピソード（コメント・感想）」を使ったほうが、間違いなく説得力があるのです。

いい、すごい、と書きたくなったら、「事実」「数字」「エピソード（コメント・感想）」に目を向けてみることです。そして、その「素材」をこそ書くことです。

Point 30

立派な形容詞はビジネスでは求められていない

たしかに形容詞によって、情景をうまく描写する文豪もいました。

しかし、それができるのは、何度も書きますが、才能を持った特別な人たちだと私は思っています。凡人には同じことはできません。

しかも、あれは物語領域の話。ビジネスの領域とは違う。そんなことをする必要はないし、誰もビジネスの文章では求めていないのです。

形容詞を使わない、と意識することです。そうすれば、自然に「素材」に目が向きます。なんとか、いい形容詞をひねり出そう、見つけようという時間も必要なくなります。

そして、形容詞を使うよりもはるかに、読み手に伝えたいことを伝えられるようになるのです。

小学生の作文はなぜ幼稚なのか

同時に形容詞の危うさは、文章を幼稚にしてしまうことにあります。
小学生の子どもたちの作文で、こんな典型例があるのではないでしょうか。

「今日は楽しかった」
「今日はおもしろかった」
「今日は気持ちよかった」

幼稚な文の元凶は、形容詞にあります。「楽しい」「おもしろい」「気持ちいい」。これも「いい」「すごい」と同じように、わかったようで、わからない言葉だからです。
よくわからない言葉は、文章を幼稚にしかねないのです（つまり、「いい」「すごい」が連発されている文章は、幼稚な文章になってしまうということでもあります）。

文章を書く仕事をしているので、ときどき「子どもの作文を上手にする方法はありますか？」などと聞かれることがあるのですが、そのときには、こんなアドバイスをしています。

「お子さんに質問をしてあげてください」と。

たとえば、「今日は楽しかった」と書こうとしていたら、「何が楽しかったの？」と聞いてあげるのです。

そうすると、「今日、外でお弁当を食べていたら、太郎くんのオニギリが芝生の上をコロコロと転がって落ちていったんだよ。2人で大笑いして、僕のオニギリを半分分けてあげた」なんて言葉が返ってきたりする。

まさに「事実」「数字」「エピソード（コメント・感想）」です。これをそのまま作文に書けばいいのです。

「おもしろかった」も「気持ちよかった」も、必ず子どもたちにこう思わせた「事実」「数字」「エピソード」があるはずなのです。それを引き出してあげて、書けばいい。

そうすると、子どもの作文を読む先生は、「ああ、楽しかったのね」「おもしろかったのね」「気持ちよかったのね」となる。

実は形容詞は「読み手」の感想である

実は形容詞というのは、読み手が「ほー、そうだったのか」と思う感想なのだと私は思っています。

「楽しい」も「すごい」も「寒い」もそう。それを書き手がそのまま形容詞で書いてしまったら、興ざめではないでしょうか。

興ざめなことをするから、文章が幼稚になってしまうわけです。

そう感じるだけの、「事実」「数字」「エピソード（コメント・感想）」という「素材」をこそ書かなければいけなかったのです。そうすることで、「読み手」は、「ああ、楽しかったんだな」「すごい会社なんだな」「寒かったんだな」ということがわかるわけです。

小学生はもちろん、作文の苦手な中学生や高校生、大学生にも「事実」「数字」「エピソード

（コメント・感想）」の大切さを教えてあげるといいと思います。

形容する言葉を見つけなくていいんだ、「素材」を書けばいいんだという気づきは、文章のハードルを一気に下げるはずです。

そして同時に、文章が見違えるように変わっていくと思います。「素材」がしっかり書かれた、伝わる文章になっていくのです。

Change your mind!

発想転換 8

誰も文章なんて、読みたくない

Point 31

仕事のメールはとにかく結論を先に

誰も、できれば文章なんて読みたくない

では、ここからは用途別の文章について触れていきましょう。まずは、メールから。

書くことを仕事にしているのに何なのですが、基本的に私は「みんな文章なんて読みたくない」と考えていると思っています。

実際、私がそうです。もともと書くのも嫌いでしたが、読むのも嫌い。さっさとすばやく用件を知りたいのです。

だから、**「誰も、できれば文章なんて読みたくない」を前提に文章を書いています。**

「読み手」を強く意識したり、わかりやすさにこだわったりしているのも、この前提が大きい。

逆に読むのが苦にならない人は、自分と同じ感覚でいたら危険かもしれません。

とりわけメールは、人によっては大量に受け取ることになります。

とんでもない量のメールを、どんどん見ていかないといけない。

そこに、タラタラと長くてよくわからないメールが送られてきたとしたら、どうでしょうか。

ゲンナリするし、もしかしたら、読み飛ばされてしまうかもしれません。

丁寧であればいい、セオリー通りであればいい、というわけでもないと思います、それよりも、短くてさっさと読めるものが望ましい。

私のまわりには、仕事相手も含めて書くプロたちがたくさんいますが、メールは極めて簡便です。セオリーやルールにこだわったりもしていない。

また、経営者とのおつきあいもありますが、彼らはさらに簡便です。相手になるべく時間をとらせたくない、ということなのだと思います。

メールは相手の顔が見えない

しかも、メールの怖いところは相手の顔が見えないことです。

電話も見えませんが、声の様子で反応がわかります。だからこそ、メールでは気をつけたいことがあります。

まずは結論から始める、ということです。とりわけ社内や長く一緒に仕事をしている取引先

××さん、お世話になります。

××社、社長インタビュー、原稿を送ります。
こんな感じでまとめてみました。

もしボリュームが多すぎる、ということでしたら、２ブロック目の青字の部分をカットしてくだされればと思います。

まずはご送付にて。
どうぞよろしくお願いいたします。

などは、「依頼」や「謝罪」を除き、ややこしい前提などは必要ありません。

結論をストレートに書く。もし、補足事項があれば、その下に付け加えればいい。

私は原稿を納品するとき、いつも上記のような形でメールしています。

私は経営者にたくさんインタビューしていますが、彼らがメールに関して一様に言うのは、「結論を先に」です。

何のメールで、何が言いたいのかがすぐにわかる。もし補足が読みたくなれば、スクロールすれば読み進めていける。必要に応じて、それを読む。

みんな忙しいのです。メールは短く、結論から。これが原則です。

Point 32

依頼メールのフォーマット化・流れ化を行なう

時間がかかるのはいつもゼロから考えているから

メールを書くのに時間がかかる、という声が聞こえてくることがあります。

多くの時間をメール作成に取られてしまう、と。であれば、ある程度、フォーマット化してみてはいかがでしょうか。

社名や宛名などを間違えると危険ですから、まるっきりコピペはいけませんが、個別名称などが入っていないフォーマットを作って、置いておく。

あとは社名や宛名、日付などを入れれば送れるようにする。こうすれば、ゼロからメールを書かずに済みます。

いくつかご紹介していきましょう。

依頼メール

現在、私は講談社の『週刊現代』で経営者インタビューの連載記事を担当しているのですが、取材のアポイントを取るところから委ねられています。ということで、ほぼ毎週のように依頼メールを出しているのですが、これもフォーマット化しています（次ページ）。

ベースとなるこのフォーマットを作っておいて、実際にメールを送る際には、相手に合わせて微調整をしていきます。冒頭の挨拶で紹介者の名前を入れたり、少しくわしく連載について語ったほうがいい企業だな、と感じた場合はくわしく書いたり。

いずれにしても、フォーマットがあるおかげで、ゼロからメールを書く必要はありません。これだけでもずいぶん必要な時間は変わってくるはずです。

依頼メールには流れがある

私は編集者などプロの文章の使い手から仕事の依頼を受けることも多いわけですが、依頼メ

××社　広報ご担当
××様

●××社長への取材のご依頼

お世話になります。
講談社『週刊現代』でライターを務めている上阪徹と申します。

「週刊現代」および講談社最大のＷｅｂサイト「現代ビジネス」では、企業トップにご登場いただく連載企画を行なっています。

つきましては編集部より、ぜひ御社の××社長にご登場を、という強い要望を受け、ご連絡をさせていただいた次第です。

「あの会社の経営者の人となり、会社の最新トピックスなどを読者に伝えたい」という目的を、誰もがとる「食」という切り口から伝えていきたいという連載です。
記事サンプルと取材依頼書をおつけしております。
連載ではこれまで、××社、××社などのご登場を頂戴しています。

可能であれば、×月、×月に取材をさせていただけたらと考えています。

以上、突然のご連絡を失礼いたしました。
ご検討をいただけましたら幸いです。

どうぞよろしくお願いいたします。

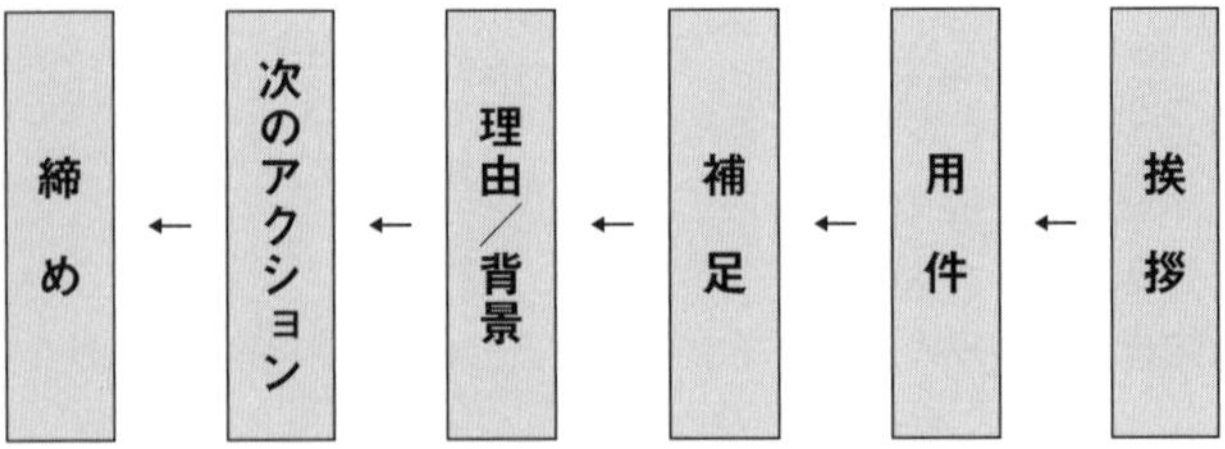

ールでは、基本的に必要な流れが決まっていると感じています。それが、上記の流れです。

この6つがしっかり書かれていれば、相手はしっかり依頼について理解ができます。何かを依頼するためのメールを書く際には、参考にしてみていただけたらと思います。

Point 33

お礼メール・お詫びメールも「このたび」が大事

意外と書く機会の多いお礼メール

先にも少しご紹介していますが、ビジネス文章で、意外にたくさん書く機会があるのが、お礼メールです。仕事上でお世話になった人に、お礼のメールを出す。これはとてもいい習慣だと思います。

ただ、注意しないといけないのは、決まり切ったような定型文や慣用句でメールを送ってしまうと、形だけ感謝しているのではないか、などと思われてしまいかねないことです。

たとえば、次ページの上図Ⓐのようなメールをもらっても、さて、うれしいかどうか。

あまりにそっけなくて、何も伝わってきません。では、どうしてそう感じるのかというと、「このたび」に関しての具体的な記述がまったくないからです。本当に「このたび」に感謝しているか、わからないわけです。

Ⓐ

お世話になります。
このたびはありがとうございました。

またお願いできましたら幸いです。
よろしくお願いいたします。

Ⓑ

お世話になります。
このたびはありがとうございました。
特に第３章の冒頭、グッと来ました。

またお願いできましたら幸いです。
よろしくお願いいたします。

それこそ、どんな仕事でも言えてしまうこと。ではもし、上図のⒷのように変えてみたら、どうなるでしょうか。

たった一行、書き加えるだけで、「このたび」の印象は一気に変わるのです。先に、会食のお礼についても触れましたが、これこそが「そのときを共有したときにしか書けない一行」なのです。

一行だけ、具体的なことを書くだけ

難しいことではありません。

たった一行、「このたび」「今回」に

【具体的な１行の例】

- お話をされていた、「春の花の美しさ」の話が、とりわけ印象に残りました。
- 実は「もう無理だ」と思ったときがありました。そこで「もうちょっと一緒に頑張りましょう」と言っていただけたことが、どれほど心の支えになったか。
- お伺いした仕事場が、先生にぴったりのイメージで、なるほどここからあの作品が生まれてきたのだ、と感慨深いものがありました。

ついての具体的な内容を入れるだけです。そうするだけで、その人にしか書けないお礼メールになる。定型的で慣用的、そっけないお礼メールにならずに済むのです。

したがって、お礼メールを書くことがわかっているなら、あらかじめ、「具体的な一行」にアンテナをしっかり立てておく必要があります。

会食に招かれたら、席で聞いた話や、料理などについてのコメントをしっかり記憶しておく。一緒にプロジェクトを推し進めたら、とてもありがたかったときのエピソードをメモしておく。受注をめぐって感謝の気持ちを伝えたいなら、最も大変だったことメモしておいて一行書く……。

難しいことではないのです。印象に残ったことをほんのちょっと記しておくだけです。

実はこれらも、「事実」「数字」「エピソード（コメント・感想）」の「素材」です。御礼メールでも、「素材」が生きてくるのです。

お詫びメールはまず謝罪

なんらかの事情で、謝罪をしなければならなくなった。どんな仕事でも、こういうことは起こり得ます。

しかもやっかいなのは、必ずしも自分が悪いわけではないことも、ときにはあることです。

たとえば、外注先からの納品が遅れた。結果的に、お客さまへの納品が遅れてしまった。自分は悪くなかったのに。ちゃんと仕事をしていたのに。

しかし、それでも迷惑をかけてしまったことには変わりはありません。相手は、怒ってしまっている。

そういうときに何をしなければいけないのかというと、率直に謝ることです。

いや、こんな理由があって、と言いたくなるところでもありますが、**相手にしてみれば、実は理由はどうでもいい**のです。実際、困っているのだから。理由をくどくど説明されたところで、その困った事態が解決されるわけではありません。

むしろ、言い訳を読むのに余計な時間が取られ、火に油を注ぐようなことになりかねません。**お詫びメールでしなければならないのは、まずは率直に謝罪をすることです。**迷惑をかけてしまったことを、きちんと詫びる。事情を説明するにしても、それからです。

今回にしか言えないフレーズを入れる

そしてお詫びメールも、一般的な定型文や慣用句を並べただけでは、平板な印象を持たれてしまいかねない、という危うさがあります。

そこで、お礼メールと同じように、「今回にしか言えないフレーズ」を一文、入れておくことが効果を生みます。

××様

お世話になっております。


このたびは、××の案件で納品が遅れてしまい、本当に申し訳ありません。

大変なご迷惑をおかけしてしまったこと、心からお詫び申し上げます。


××様と打ち合わせさせていただいたとき、今回の納品がとても大切な案件に関わるものだということをおっしゃっておられました。

それだけに、遅れてしまったこと、本当に申し訳なく思っています。

今後はこのようなことがないよう、注意をしてまいります。


余談ではありますが、今回の納品の遅れは、当社が外注している先で、予想し得なかった不手際が起きてしまったことでした。

そのような不手際が起こるリスクも理解しながら、スケジュールをしっかり立てるべきでした。

改めて、ご迷惑をおかけしたこと、お詫び申し上げます。


このようなことがないよう、くれぐれも注意いたします。

引き続き、どうぞよろしくお願いいたします。

そして事情を説明するときには、誰かに責任を押しつけるような書き方は、あまり潔くありません。例を書いてみましょう（前ページ）。

まずは率直に謝罪をし、「今回にしか言えないフレーズ」を加え、事情は誰かに責任を押しつけないように書き記す。参考にしてみてもらえたら、と思います。

Point 34

指示メールは「5W2H」を使う

指示メールは○○をはっきりと

上司から部下へ、あるいはチームリーダーからメンバーへ、また先輩から後輩へ、仕事の指示をするケースはよくあることです。

リモートワークの拡大で、これがメールやメッセンジャーで行なわれることも増えてきました。

結果的に、これまでリアルな場では起きえなかったようなトラブルが起きているケースもあるようです。何より大きいのは、リアルの場なら、「さっきの件って、こういうことですよね？」と気軽に質問ができることです。

しかし、リモートワークでは別々のところで仕事をしていますから、こうした気軽なコミュニケーションがどうしてもできなくなる。お互いにしっかり確認をしないまま進んで、フタを開けてみれば「あれ？」ということが起こってしまうのです。

指示の原則は「5W2H」をはっきりさせることです。必要内容の抜け・漏れがあると、あとでトラブルが起きてしまいます。

- Why（なぜ）
- What（何を）
- Who（誰が・誰に）
- When（いつ）
- Where（どこで）

・How（どのように）
・How much（いくら、どのくらい）

メールの場合は、リアルほど細やかなリアクションができません。指示を出す際に、相手が指示を的確に理解できるよう、強く意識する必要があります。

Point 35 箇条書きを積極的に使う

指示に限りませんが、実は最も多いメールは社内向けのものかもしれません。ここで意識すべきは、**社内なのですから、とにかく簡潔を心掛ける**、ということです。

言いたいことは何か、ストレートにシンプルに伝える。みんな忙しいのです。御法度《ごはっと》は、ダラダラと読みにくいメールです。

お疲れさまです。
先ほどのミーティングで少し話が出ましたが、依頼したいのは以下です。

・パワーポイントスライドの制作
・27日のクライアント向けのプレゼンで使用
・25日までに必要であれば社内へ配付
・自宅での作業でも構いません
・必要な資料はこのあと、送りますが、ご自身で調べてもらわなければいけないものもあります
・30枚前後

その意味で、わざわざ文章にするのではなく、「箇条書き」をどんどん使ったほうがいいと考えます。たとえば、指示のメールを「5W2H」を使って書いてみましょう（上図）。

箇条書きにすることで簡潔になり、かつ抜け・漏れも防ぐことができること、ご想像いただけると思います。

社内で他の部署に問い合わせをする、ということも多いと思いますが、それも箇条書きをうまく使えばいい（次ページ上図）。

箇条書きの利点は、パッと見てすぐに内容が理解できることです。しかも、理解すべき内容の個数もわかる。これは、思った以上に読み手

××様

お疲れさまです。技術2部の××です。
先日、××社様へお伺いしてきました。以下3点、お問い合わせがありましたので、営業部の見解をお知らせいただけますと幸いです。

・お客様はいつの納品を希望されているか？
・間に合わせるために、何が必要か？
・間に合わなかったときの代替方法はあるか？

以上3点、ご返信を×日までに頂戴できますでしょうか。
よろしくお願いいたします。

にはありがたいものです。

また、書き手にとっても、箇条書きにすることで、「相手に理解してほしいこと」「やってほしいこと」が整理されます。

Point 36

チャットも「5W2H」を意識する

何度もやりとりしなくて済むように

最近では、メッセンジャーなどを使ってリアルタイムのやりとりでコミュニケーションをするケースも増えています。

ここで陥りがちなのが、言葉が足りずに何度もチャットをやりとりしなければならない状況です。

「××の件どうなりましたか?」
「いまちょっといいでしょうか?」
「これ前倒しできますか?」

こうした曖昧な質問では、相手はどう答えていいのか、わかりません。

そこで、ここでも「5W2H」を意識するのです。

「報告書はいつ完成しますか？」
「5分だけもらえますか？」
「当初の予定より1日前倒しできますか？」

自分が求めるものを具体的に提示することが大切になります。「どうなりましたか？」と聞かれても、答えようがないのです。

逆に上司からもし、曖昧な質問が飛んできたら、「恐縮ながら、何を一番知りたいですか？納期ですか？　価格ですか？」と問い返してみるといいと思います。

チャットは「ありがとう」から入る

ちなみに、チャットやメッセンジャーは無味乾燥でいいのか、という質問を受けたことがあります。

若い世代では、用件だけのやりとりをどんどん行なっていきますが、世代や相手によっては丁寧なやりとりをしたい人もいる。

ただ、ややこしいことを考えると、チャットやメッセンジャーでやりとりする意味がなくなってしまいます。そこで私がお勧めしているのが、「ありがとう」から入ることです。文章を発信するときに、「ありがとうございます」から入っていく。メッセージをもらっているわけですから、違和感はありません。しかも「ありがとう」を言われて、不快な気分になる人はいません。

シンプルに一言加えるだけで、無味乾燥も防げる。実際にこれは、私がやりとりをしていた人が実践していたものでした。とてもいいと思いました。

注意メールは思っているより相手に刺さる

テレワークの拡大で、これまではリアルのコミュニケーションが中心だったものまで、メー

お疲れさまです。
いつもいろいろ頑張ってくれて、ありがとうございます。

実は今回お願いした仕事で、１つだけ注意したいことがあります。
作ってもらったスライドに、誤字が少しあったことです。
もちろん私もチェックしますが、やがては××さんもチェックする側になります。
今からしっかり気をつけておくことが、これからにつながるので、ぜひ意識してほしい。

では、引き続き、どうぞよろしくお願いします。

ルで行なわれるケースが増えてきているようです。注意メールもその1つです。

ただ、注意をする、叱る、というようなデリケートなコミュニケーションは、文章ではなかなか難しいのも事実。文章は思った以上にダイレクトに言葉が刺さってしまうからです。

例を書いてみましょう（上図）。

ポイントは慎重に書くこと、それから注意については「あくまでコトを叱る」ことが原則だということです。これはリアルコミュニケーションでも同じですが、「ヒトを叱る」ことは目的ではありません。

また、今回の注意がいずれは相手のベネフィットにつながっていく、というスタンスは重要だと思います。

そうすることで、ミスもポジティブに転換できるからです。

Point 37

レポート・感想文は現場で「素材」を集める

出張レポートは最初に目的と読み手を確認する

それなりのボリュームの文章を会社から求められると、憂鬱になってしまうという声をよく耳にします。

象徴的なものが、出張レポートかもしれません。2000文字、3000文字でレポートを書く。出張は好きだけど、戻ってからレポートを書くのはつらい、と聞くことがあります。

しかし、出張のレポートも怖いものではない、という話をすでにしています。

「メモ」の存在です。文章の「素材」をしっかりメモしておけば、レポートは怖くないのです。主張レポートが憂鬱になるのは、とっておくべきメモを取っていないから、なのです。日報もそうですが、出張も会社に戻ってから、あれこれと思い出そうとしても、できるものではありません。現地でしっかりメモを取っておくことが大切なのです。

まず、やらないといけないのが、出張の「目的」と「読み手」の確認です。レポートといっても、さまざまな「目的」があるはずです。たとえば、部内の情報共有、上司の現状把握、社長視察の事前レポート、役員会議で使用する報告書、取引先に提出する資料……。

「読み手」もさまざまです。同僚、上司、役員、社長、取引先などなど、いろいろ考えられるのです。

役員が読むのに、同僚が読むものだと勘違いして出張のレポートを書いたら、困ったことになってしまいかねません。

一方で、「目的」と「読み手」をしっかり確認しておけば、必要な「素材」にも意識が向かうことになります。

どんなことを「素材」として集め、メモしてこないといけないか、イメージできるようになるはずです。

事前に質問リストを作る

たとえば、「目的」が出張先である取引先の状況把握、「読み手」は上司だったとします。上司である課長に出張先の現状報告をする、ということです。

となれば、まずは課長が何を知りたいのか、確認する必要があります。取引先の売り上げ動向なのか、持っているノウハウを知りたいのか、両者ではチェックする内容は異なります。

その上で、ウェブサイトなどで相手先の情報を事前に調べておき、出張では取引先の何をチェックしないといけないのか、事前にリストを作っておくといいでしょう。

どんな会社なのか？
どんな組織になっているか？
働いているのはどんな人たちか？
売り上げはどうなっているか？
どんなノウハウを持っているか？

そして**出張レポートなどの長い文章を書く際の「素材」を集める方法として挙げられるのが、現地でのヒアリング**です。

せっかく出張に行くのですから、会社の資料やパンフレットにはない情報を入手できるといい。そこで、担当者などに話を聞いた内容を「素材」にするのです。

ここでも「事実」「数字」「エピソード（コメント・感想）」がポイントになります。事前にチェックした情報をもとに、「ここをもうちょっと聞いておきたいな」という内容や、上司が知りたい内容などをベースにして、質問リストを作って聞いていくといいと思います。

メモするのもいいし、ボイスメモやＩＣレコーダーに録音するのもいいでしょう。

「見たこと」も「素材」としてメモする

加えてもう1つ、大事な「素材」が、実は先にも触れている「見たこと」です。**「聞いたこと」だけではなく、「見たこと」もしっかりメモしておくのです。**

実際、出張先を訪れれば、たくさんのものを見ることになります。どんな場所にあるのか。どんな建物か。どんな受付の雰囲気か。

オフィスに足を踏み入れても、見えてくるものがあります。職場の雰囲気はどんな感じか。どんな人が働いているか。平均年齢はどのくらいか。

会議室や応接の印象はどうか。どんなものが置かれているか。案内してくれた人はどうだったか。担当者はいくつくらいか。好印象が持てたか。

実際、元気な会社はわかるものです。

フロアに入ると、全員が席から立ち上がって挨拶してくれた。

電話が次々に鳴り響いていた。
オフィスのあちこちで社員同士が楽しく語り合っていた。

こういうことも、しっかり「素材」としてメモしておく。許可を取って写真に収めてくるのもいいでしょう。

そして、「聞いたこと」だけでなく「見たこと」もレポートに盛り込んでいく。そうすることで、臨場感をぐっと高めることができるのです。

そして、「素材」がたくさんメモされていれば、レポートに困ることはまずないのです。

研修レポートも素材が命

セミナーや講演、研修のレポートについては、143～148ページですでに紹介しているので、ここでくわしく書くことはしませんが、ポイントはやはり「素材」をしっかりメモしておくことです。しかも、研修の内容と感想を、セットでメモしておく。

研修のレポートでも、「聞いたこと」に加え「見たこと」も素材になります。スライドに投影されたグラフも立派な素材です。繰り返しになりますが、たとえば、講師を務める人の姿勢の美しさ。配られた資料の精度の高さ。なるほど、これはすごいな、と感じた「見たこと」も、しっかりチェックしてメモしておきます。

そして書くときに、メモを見ながら内容に感想をかぶせていきます。内容があって、感想があるわけですから、書くのにそれほど戸惑うことはないはずです。ボリュームも、難なく稼げます。

社内報エッセイの素材出しは時間をかける

こちらも149ページですでに取り上げています。エッセイは、出張レポートや研修レポートのように自分の外に「素材」があるわけではなく、自分の中にあります。書くときに、それがスラスラと出てくればいいですが、なかなかそうはいかない。

ですから、締め切り間際に書こうとするのではなく、まず3日なり5日なり、書く前に時間をかけて「素材」をしっかり出し、集めていくことがポイントになります。一度に出てくるものではないからです。

それこそ「自己紹介」を書く、というだけでも、たくさんの情報があります。願わくば、いい自己紹介を作りたいですから、時間をかけて「素材」を出していき、最もいい内容をチョイスするくらいがいいと思います。

「思い出」のようなテーマもそうですし、「最近の世の中に思うこと」といったテーマもそう。**時間をかけて書く内容＝「素材」を出すつもりでいれば、書く段になって「うわ、何を書こう」ということはなくなります。**

早く取りかかり、時間をかけて「素材」を準備することです。

Point 38

企画書は「課題」と「解決策」を書く

「企画書は苦手」という人が多い理由

仕事で苦手なものの1つに企画書作りがある、という人は少なくないようです。どうやって書いていいかわからない。何を書いていいのか、とまどう。言葉が浮かばない。説得力のあるものにできない……。そんな声を実際に耳にしたこともあります。

私には『企画書は10分で書きなさい』（方丈社）という著書があるのですが、ポイントさえつかめば、企画書は怖いものではないと思っています。

そもそも企画書とは何か。これまた教わっていないことが、多くの人が困っている理由なのです。

企画書とは、企画を記したもののことです。そして企画について記した書面が企画書ですから、そもそも企画とはなんぞや、ということを考えていく必要があります。

企画とは、課題を解決するためのもの

たとえば、商品の販売キャンペーンを行なわなければいけなくなった。さて、ゼロからキャンペーンの企画を立てるとなると、これはなかなか難儀です。

では、「課題」に目を向けてみたら、どうでしょうか？

・売れていないエリアはどこか？
・売れていない世代はどこか？
・売れていないカテゴリーはどこか？
・売れていない営業担当者は誰か？

こうした課題は、ファクトとして誰でも手に入るものです。では、それを解決することを考えてみる。

・売れていないエリアでキャンペーンをやる

・売れていない世代に向けてキャンペーンをやる
・売れていないカテゴリーのキャンペーンをやる
・売れていない営業担当者とキャンペーンを組み合わせる

どうでしょうか。キャンペーンの企画の大きなヒントになるのではないでしょうか。問われているのは「課題」であり、その「解決法」なのです。これこそ、企画です。そもそも課題が解決できるものでなければ、企画をやる意味がありません。

企画書には「課題」と「解決法」を書く

なんだか難しいことを書かなければいけないイメージのある企画書ですが、そんなことはありません。もとより企画書を書くことに価値があるわけではないのです。大事なことは、企画そのものであり、課題の解決です。

つまり、企画書にはその企画の価値が書かれていればいいということ。「課題」があって、「解決法」が書かれていればいいのです。こんなふうに課題を解決する、こんなふうに新しいことを達成する、ということが書かれていればいいのです。

こんな課題がある
←それに対して、こんな提案をしたい
←そうすれば、こんな結果（利益）が待っている

企画が成立するのは、誰かが困っていて、それが解決できるからです。
たとえば、私はよく200字で企画書の概要を書くのですが、この本の企画書を200文字ほどでまとめてみましょう。

ビジネスパーソンの中には、文章を書くことが苦になっている人が少なくない。文章術の本を

買ったりしても、なかなか書けるようにならない。実は大事なことは表面的な文章テクニックにあるのではなく、文章とは何かを本質的に理解することだから。それを3つのステップで、さまざまな事例に基づいてくわしく紹介することで、多くのビジネスパーソンがスラスラ文章が書けるようになることを目指す一冊。

「課題」があって「解決」をするために何ができるのかを記す。その上で、企画の内容を記して1ページ程度にまとめる。これだけで、企画書は充分に通用するのです。

企画書で、「盛って」しまうのはむしろ逆効果

一方、企画書でやってはいけないことがあります。それは「盛って」しまうことです。なんとかいい企画に見せようとして、自分の企画をヨイショしようとする。

こういうとき、たいがい使われるのが「形容詞」です。実は、企画書が書けない人、苦手という人が悩むのは、この形容詞を考えることなのです。しかし、それはむしろ逆効果です。

自画自賛がむしろ厳しい評価になることは、おわかりいただけるでしょう。企画書には「形容詞」は必要ありません。

「課題」をしっかり書き、それを「解決」できることこそ、しっかり示す。そして「課題」「解決」も実は「素材」です。これを文章にすればいいのです。

Point 39

スライドも、まずは「素材」の準備から

パワーポイントなどのスライドは……

これも仕事で使う文章の範疇《はんちゅう》に入ってくるかもしれません。パワーポイントなどを使ったスライド作りです。そして**スライド作りも、文章を書くときと同じ考え方で進めることができます。**

したがって、ここでもやってはいけないのは、いきなりスライドを作成しようとしてしまうことです。何の準備もしないまま、とにかくスライドを作り始める。これでは、大変な時間がかかってしまいます。

理由は、全体像が見えていないこと。そして「素材」が充分に揃っていないからです。

スライドの「素材」の準備も、文章を考えるときと同じです。「真の目的」と「読み手」を確認した上で、必要な「素材」を集めてきます。

急ぎで仕上げなければいけないときは別ですが、スケジュールにそれなりのゆとりがあるなら、時間をかけて「素材」を準備したほうがいいでしょう。

なぜなら、文章の「素材」と同じで、いきなりすべての「素材」がスラスラ出てくる、などということは、なかなかないからです。時間をかけて出すことで、「あ、これも入れたほうがいいな」といった「素材」が浮かんできたりします。

「枠組み」をまずはしっかり作る

「素材」が集めやすくなるポイントは、「真の目的」と「読み手」を発注者にしっかり確認することです。また、ある程度、「素材」がたまったら、先に書いた「ひとりブレスト」をやってみるといいと思います。

改めてざっと「素材」を眺めてみることで、また新たな「素材」が思い浮かんできたりするのです。

「素材」が出揃ったら、今度は構成の「枠組み」を作っていきます。実はスライドの枠組みを考えるのは、文章の構成を考えるのと基本的に同じ考え方で進めます。

「読み手」に対して、「こうでこうでこう」としゃべるつもりで構成を考えていきます。「素材」を先に用意したほうがいいのは、「素材」が見えないままだと、大きなストーリーが見えてこないからです。

文章と違うのは、図やグラフ、表、写真など、ビジュアルがあることです。どのタイミングでビジュアルを見せるのか、それを把握するために作るのが、「枠組み」です。

大きな「枠組み」を作ったあとに、それぞれの「素材」ごとに、どんなビジュアルを置いていくのか、あるいはテキストにしていくのか、考えていきます。

ポイントは、「枠組み」をしっかり作ること。これは文章の「構成」と同じです。これができていないと、なかなか先に進められない、といったことが起こるのです。

Point 40

SNS、ブログ……世の中はネタの宝庫

SNS投稿、ブログ

仕事とは少し離れますが（これが会社の仕事という方もおられるかもしれませんが）、SNS投稿やブログでも、文章に関する考え方は基本的に同じです。最も大事なことは、何が書かれているか。つまり、「素材」です。

私の印象は、一般に、書いている側が必要以上に「どう書くか」＝「書き方」を気にしているということです。しかし、書き手が気にしているほど、読み手は気にしていません。

文章そのものの魅力で勝負する小説家やエッセイストなら別ですが、普通の人が読むなら、知りたいのは中身だからです。

逆に、興味を引く中身であれば、文章力はそんなに気になるものではありません。わかりやすく書かれていれば、充分。それこそ、しゃべって聞かせてもらっているように。

文章については、極めて危ないワードの1つに「おもしろい」があると思っています。SNS投稿でも、ブログでも、読み手から支持されるものは、極めて端的に「おもしろい」と評されたりするわけですが、この「おもしろい」は極めてクセモノなのです（これも形容詞ですね）。というのも、**「おもしろい」というのは百人百様で異なるからです。**

小学生にとって「おもしろい」ものが、大学生にとって「おもしろい」とは限りません。20代の男性におもしろいものが、50代の女性に「おもしろい」とは限らない。

つまり、**自分が「おもしろい」と思ったものが、他の人もおもしろいとは限らない、**ということです。「これぞ」と思ったものが、まったく評価されないこともある。

評価するのは、あくまで「読み手」

そしてここで何より注意しなければいけないことは、評価するのはあくまで「読み手」だということです。加えて、すべての読者に「おもしろい」と思ってもらうことは至難《しなん》の業《わざ》だということ。

そこで何が必要になるのかというと、特定の「読み手」を意識することなのです。どんな人に読んでもらいたいか。それを、自分で定めるのです。

何を書いていいかわからない、という人も、「読み手」を定めると一気に書くことについてイメージが湧くことになります。

たとえば、就職活動を始める前の大学生。会社に入ったばかりの新入社員。入社5年目の中堅社員。さらに「読み手」の状況を想像すれば、もっとイメージは強く湧いてきます。

もちろん多くの人に支持されるのがベストですが、まずは特定の誰かに、しっかり「読んでよかった」というベネフィットを与えられるものを考えることです。

逆にやってはいけないのは、誰かを特定しなかったために、誰にも刺さらない文章になってしまうこと。これでは意味がありません。「読み手」を定めることは極めて重要なのです。

「読み手」を意識すれば、「何を書くか」も意識しやすくなるのは、他のビジネスの文章と同じです。それこそ「読み手」を徹底的に想像し、解明し、彼ら彼女らの興味関心に迫ろうとすれば、「素材」はいくらでも出てくると思います。

脳のスイッチが入っていない

実は世の中は書き手にとって、まさにネタの宝庫だと私は思っています。SNSしかり、ブログしかり、書ける「素材」は山のようにあるのです。ところが、そこに気づけていない。

理由はシンプルで、意識していないからです。先にも触れたように、人間は忘れる生き物なのです。すべてを覚えていたら、脳がパンクしてしまう。そこで、大事だと思えるものしか、記憶されないようになっているのです。

たとえば、駅に向かう途中に建物が壊された空き地があった。しかし、そこに前、何があったか、思い出すことができないというケースは多いのではないでしょうか。これは脳のメカニズムなのです。

すべてのものに注目していたら脳が反応して疲れてしまうから、見ているのに自動的に見えなくしているのです。気づきのスイッチが切られているのです。

だから、何もしなければ、「おもしろい」ことがあったとしても、素通りしてしまいます。脳は反応しないから。スイッチが切られているからです。


となれば、やるべきはスイッチを入れること。つまりは、意識をすることです。

スイッチを入れて、よくよく世の中を眺めてみると、「おもしろい」ことは世の中にたくさん転がっているのです。

「あれ、これはなんだ」「どうしてこうなっているんだ」「へえ、こんなことになっていたのか!」というものに出会える。それを発信していけばいいのです。

そして、「これぞ」と思うものがあれば、どんどん「メモ」していく。脳のスイッチを入れ、意識してアンテナを張る。こうして手に入れたネタは、必ず役に立つはずです。

おもしろいことを次々に発信している人は、こんなふうにネタをストックしているのです。

Change your mind!

発想転換 9

最高のトレーニング、「読む」こと

Point 41

上司に「ゴール」を
教えてもらう

文章には答えがないからこそ

「書き方」について、事例も含めて、さまざまに書いてきましたが、1つ注意しなければならないことがあります。それは、先にも触れたように、文章には答えがない、ということです。これでいいと思った文章が、時にダメ出しされることもあります。

実際、文章について上司に何も言われたことがなかったのに、上司が変わった途端にダメ出しをされてしまった、という人がいました。

答えがない上に、好みもあるのが文章です。

私は否定をしてきましたが、起承転結的な文章を求める上司もいるかもしれません。わかりやすさ以上に、漢字を多めにして格調高く書け、と言う人もいるかもしれない。

上司がそういう文章を求めているのに、違う文章を書いていたら、残念ながら評価されない、ということになってしまいます。

会社によって、特定のルールやフォーマット、文体のクセなどがあるところもあります。

会社や上司が変われば、文章も変わる

そこで私がやるべきだと思っているのは、**「上司にお手本を見せてもらうこと」**です。どんな文章なら合格点がもらえるのか、教えてもらう。どんな文章を好むのか、理解する。最も手っ取り早いのは、上司が過去に書いたレポートなりを見せてもらうことです。そうすれば、それがお手本、ということになるでしょう。

また、「これまでに高く評価した文章はありますか」と問いかけて、過去の誰かの書いたレポートなりを教えてもらうのも、1つの方法かもしれません。

いずれにしても、上司や会社が求める文章が評価される、ということは現実としてあります。それを理解した上で、文章と向き合っていく必要がある。

ただし、それが世間一般すべてで通用するものではない、という理解も必要です。あくまで特定の上司、特定の会社が求めるもの、と認識したほうがいいと思います。

実際、会社や上司が変われば、求められるものも変わるからです。

Point 42

ダメな文章、いい文章に敏感になる

「おや?」と思ったら、確かめてみる

文章には正解はない、と書きましたが、明らかに多くの人から「これはダメだろう」と思われる文章があるのも、事実です。

できれば、そういう文章は書きたくないもの。そこで1つ、大きな学びになることがあります。それは、**ダメな文章に敏感になる**、ということです。

たとえば、メールをもらったときに、「おや?」とネガティブな反応が自分の中に起きたとしたら、それは気になる文章の証です。どこに自分が反応したのか、改めて確かめてみるといいでしょう。

言葉にあるのか。表現にあるのか。構成にあるのか。展開にあるのか。気になるところに気づくことができれば、同じことをしなければいいのです。

これはプライベートのSNSやブログも同様です。「これはちょっとないなぁ」と思うものには、敏感になっておく。同じようなことをしてはいけないぞ、と学びにする。

たとえば、文章には分相応《ぶんそうおう》というものがあります。

先に、新聞記事のコラムのような文章はあのスペースにあるから成立する、と書いていますが、書き手は何を書いても心地よく周囲から受け止められるわけではありません。やはり「書く資格」というものがあると思うのです。

それを理解していないと、「おまえが言うか！」ということになってしまいかねません。

「文章の怖さ」を認識しておく

もとより「文章の怖さ」も認識しておく必要があると思っています。仕事の場を離れているから、と何でも投稿していいわけではありません。

パーソナリティを少しでも調べれば、簡単に会社につながってしまう時代でもあります。

思わぬ一行が、会社に迷惑をかけてしまう可能性だってある。たった1つのフレーズが、人を傷つけてしまうこともあります。ちょっとした言い回しに、カチンとくる人もいる。その怖さを認識する必要があるのです。

匿名のコメント欄だから、とびっくりするような厳しい書き込みや罵詈雑言《ばりぞうごん》が並べられていることがありますが、傷ついている人や不快に感じている人がいる可能性もあるのです。

これは個人的な印象ですが、とりわけメディアで見る文章には、批判的な文章が少なくありません。著名なジャーナリストに取材をしていて意外な話を聞かされたことがあります。何やかや誰かを批判する文章というのは、実は書きやすいのだ、と言うのです。

だから、みんな批判的な文章を書きたがる。もっと言えば、批判的な文章を書いていると、文章が書けたかのような、うまくなったかのような気になってくるのです。

これは、文章書きとしての大きな落とし穴だ、とそのジャーナリストは言われていました。しかも、ここには読み手の潜在的なニーズもある。メディアの読者は、知らず知らずのうちに、悲観的なニュースを求めてしまっている、と言うのです。

実際、ポジティブなニュースより、ネガティブなニュースのほうが売れる。センセーショナルなタイトルのほうが読まれる。

つまりは、読み手と書き手の双方で、ネガティブなスパイラルを起こしてしまいがちなのです。

こんなことも、少し頭においていただけたら、と思います。メディアにある文章にも、要注意なのです。

Point 43

「読む」トレーニングこそ簡単で最強

学んだことがないのに書けるようになった

20代前半、まったく文章を書けなかった私が、書けるようになった。そのプロセスにおける気づきをたくさん書き綴《つづ》ってきましたが、もう1つ、書いていないことがあります。

文章や文法についての本も読んでいない。文章スクールに通ったこともない。なのに、なぜ書けるようになったのか。

思い当たることが1つ、あったのでした。それは、**知らず知らずのうちに「読むトレーニング」をしていた、ということ**です。

実はコピーライター時代、なかなか文章がうまく書けない中、改めて思ったことがありました。それは、自分はどんな文章を書いてみたいのか、でした。

それこそ、自分が描いた「ゴール」がないのに、そこに到達することはできません。

そこで、自分でいろいろな雑誌を読んでみて、選んだのが朝日新聞出版の週刊誌『ＡＥＲＡ』でした。文章に品があって、漢字やかなのバランスも自分好み、おまけに経済関連の記事から文化、芸能まで幅広い領域の記事が掲載されている。

こういう文章が書けたらいいなぁ、と思ったのです。

毎日少しずつ読んでいるうち、身体に染み込んだ

以来、いまに至るまで毎週『AERA』を必ず読んでいます。会社員時代は、電車の通勤のときに。フリーランスになってからは、夜のお風呂の中で。毎日、少しずつすべての記事を読み込む。これをもう20年以上、続けているのです。

おそらく3年か、5年か、そのくらいでも充分に効果があったのでは、と想像しています。というのも、毎日のように読んでいたわけですから、知らず知らずのうちに『AERA』の文体が自分の中に染み込んでいったのです。

- 「、」や「。」の位置
- 「です、ます」調と「で、ある」調の使い分け
- 書き出しと締め
- 適度な行替え
- 漢字とかなのバランス

・わかりやすさの程度
・社会人向けに必要な語彙
・専門用語をどこまで解説するか
・長い文章をどう構成していくか
・書き出しのインパクト……

実際、私は本でも講座でも、文章についての学びをしたことはない、文法やルールなど学ぼうとしたこともない、と先に書きましたが、それなのになぜ、それなりの文章が書けたのか。

それは、毎日少しずつ読み込むことによって、自然に『ＡＥＲＡ』の文章を学んでいくことができたからだったのだと思うのです。

なので、私がおすすめするのが「読むトレーニング」です。これこそ、最も簡単で、最強の学び方だと思っています（ちなみに偶然にもいまは「現代の肖像」という創刊以来の名物ページをときどき書かせてもらっています。依頼が来たときには驚きました）。

「書いてみたい」と思える文章を毎日読む

私の場合は、「こんな文章を書いてみたい」というのが、たまたま『AERA』でしたが、それぞれで、「こんな文章を書いてみたい」を定められるといいと思います。

それこそ、「ゴール」がなければ到達はできません。

そしてできれば、継続的に毎日、少しずつ読み込めるものがいい。特定のメディアでもいいですし、特定の書き手のコラムやブログでもいいと思います。

毎日、読み込んでいくことで、確実に文章が自分の中に染み込んでいくはずです。「こうすればいい」が、頭で覚えるのではなく、自然にできるようになっていくのです。


やがて、書きたいと思った文章に近づいていくことができるはずです。

「読むトレーニング」、ぜひおすすめです。

STEP-3
まとめ

- □「素材」の準備は「現場」から始まっている
- □頭の中にある「素材」は時間をかけて出す
- □「しゃべるなら、どう伝えるか」で構成する
- □書くのも「しゃべるつもり」で
- □一文を短く、まずは粗々で
- □凡ミスにこそ注意
- □形容詞を使わない、と決める
- □お礼やお詫びは一行だけ具体的なことを
- □指示メールは5W2Hを意識して
- □注意メールは相手のベネフィットを考える

- □ 出張レポートは事前の質問リストが重要
- □ 企画書は、課題と解決策を書けばいい
- □ 世の中は、SNS投稿のネタの宝庫
- □ 「読むトレーニング」で文章を染み込ませる

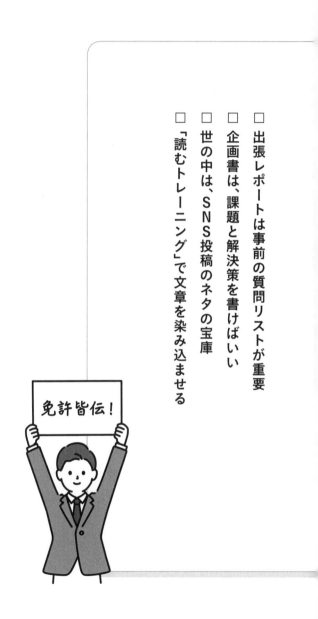

おわりに

ありがたいことに、フリーランスで文章を書く仕事を始めて、30年近くになりました。しかも、いろいろな方が、いろいろなチャンスをくださり、採用広告の仕事がやがて一般広告の仕事につながり。

インタビューの仕事もできそうだ、と著名人インタビューなど雑誌の取材の仕事がどんどん増えていき、広告のクライアントが「経営トップの本を作ることになったのだが、代わりに書いてくれないか」とまさかの本の仕事を提案してくださり。

そこから、いろいろな方の本を書き、気づけば自分の本も出し……。

まるで、わらしべ長者のような書くキャリアだった、と他の著書でも書いていたりするのですが、こうして想像もしえなかったほど、書く仕事でたくさんチャンスをいただくことができた理由が、1つあったと思っています。

それは先にも書いていますが、自分が書きたいことではなく、読者が読みたいものを常に強く意識してきた、ということです。

もともと書くのが苦手で嫌いだったのに、勘違いして入った広告の仕事から書く世界に入った私は、何かを書きたいという意志はまるでなかったのでした。

おまけにフリーランスになったきっかけは、転職した会社が倒産してしまったからで、もともとフリーランスになるつもりなど、まったくなかったのです。

失業して何もかもなくし、誰にも必要とされないという恐怖を味わった私が決めたことは、「自分のために働くのはやめよう」でした。仕事を出してくださる人のために働こう、読者のためにこそ頑張ろうと思ったのです。どんな仕事でも、一生懸命やろう、と。

これが幸いしたのでした。仕事をするときの目線が「自分」ではなく、「誰か」に向いた。これが、人生を一変させる「マインドリセット」となったのでした。

本書でも「文章には興味がない」と書いていますが、理由は簡単です。そんなことは目的ではないからです。私の仕事の目的は、読者の役に立つことです。私にとって、文章は読者の役に立つためのツールでしかないのです。

ときどき、好きな仕事がしたい、やりたい仕事に就きたいという声が聞こえてくることがありますが、そもそも仕事をすることそのものは目的ではない、ということには注意が必要だと思っています。

仕事は、そもそも誰かを喜ばせるための、もっといえば世の中をよくするためのツールだからです。誰かが喜んでくれるからこそ、仕事はあります。だから、報酬をいただくことができる。自分のやりがいのために仕事があるのではないのです。

ただ、3000人以上の人たちに取材をしてきて、これは真意ではないか、と感じていることがあります。それは、人間にとって一番の喜び、一番の幸せは、誰かを喜ばせること、誰かに喜んでもらうことだ、ということです。「ありがとう」を言ってもらえること。それこそが、最もうれしいこと。仕事には、そのチャンスが潜んでいるのです。

仮にやりたいことをして楽しかったとしても、誰にも「ありがとう」と喜んでもらえなかったとしたら、どうでしょうか。それは、本当に楽しい仕事になるでしょうか。

その意味で、選択するべきは誰かの役に立てる仕事であり、意識するべきは誰かに喜んでもらうこと、世の中の役に立つことだと思っています。

苦手で嫌いな文章を書くことを仕事にしたおかげで、私はこうした本質的なことに気づくことができたのだと思っています。ありがたいことでした。

あなたのどんな仕事も、きっと誰かを幸せにしています。そのことにぜひ、気づいてほしいと思います。誰かを幸せにできることは、最大の喜びなのです。

最後になりましたが、本書の制作にあたっては、日本実業出版社の山田聖子さん、杉本淳一社長にお世話になりました。また、神原博之さんにサポートをいただきました。この場を借りて、御礼申し上げます。

少しでも多くの人が、文章がスラスラと書けるようになりますことを。

２０２２年12月　上阪　徹

上阪　徹（うえさか　とおる）
ブックライター。1966年兵庫県生まれ。89年早稲田大学商学部卒。ワールド、リクルート・グループなどを経て、94年よりフリーランスとして独立。雑誌や書籍、Webメディアなどで執筆やインタビューを手がける。著者に代わって本を書くブックライターとして、担当した書籍は100冊超。携わった書籍の累計売上は200万部を超える。著書に『マインド・リセット』（三笠書房）、『10倍速く書ける　超スピード文章術』（ダイヤモンド社）、『JALの心づかい』（河出書房新社）、『成城石井はなぜ安くないのに選ばれるのか？』（あさ出版）など多数。またインタビュー集に、累計40万部を突破した『プロ論。』シリーズ（徳間書店）などがある。ブックライターを育てる「上阪徹のブックライター塾」を主宰。

文章《ぶんしょう》がすぐにうまく書《か》ける技術《ぎじゅつ》

2023年２月１日　初版発行

著　者　上阪　徹 ©T.Uesaka 2023
発行者　杉本淳一

発行所　株式会社日本実業出版社　東京都新宿区市谷本村町３−29 〒162-0845
編集部　☎03-3268-5651
営業部　☎03-3268-5161　振　替　00170-1-25349
https://www.njg.co.jp/

印刷・製本／リーブルテック

ISBN 978-4-534-05981-9　Printed in JAPAN